メンバーの力を引き出す100のメソッド

リーダーが 変われば、 チームが変わる

中尾隆一郎
Ryuichiro Nakao

労務行政

はじめに

　この本は、2022年5月25日に弊社ホームページ経由で届いた1通のメールから生まれました。差出人は、後にこの本の編集担当をしてくれることになる労務行政研究所の荻野敏成さん。管理職（リーダー）に求められるスキルや知識の本を書いてほしいという依頼でした。

　このような連絡をいただくことはあるのですが、今回書こうと思ったのは、その添付資料に熱意を感じたからです。そこには、実に170項目にわたるリーダーに必要なスキルが書かれていたのです。そこから重要なものを100項目程度ピックアップして本にしようというのが、荻野さんの提案でした。170項目はきちんと分類されていて、ここまで作るのはかなり手間がかかっただろうということは容易に想像がつきました。

　また、タイミングも良かったのです。ちょうどその当時、中尾のChatBotを作ろうという話があったのです。どのようなChatBotかというと、リーダーの課題解決を支援するというものです。

　私は中尾塾という経営者塾を主宰しています。そこで毎週、参加者に経営のアドバイスをしています。具体的には、経営者の実現したい「①ゴール」と置かれた「②状況」をきちんと把握した上で、経営者が解決したい「③課題」に対して、「④解決策をアドバイス」しています。しかも、これを毎週60人の参加者に繰り返し実施し続けているので、アドバイスするだけではなく、それが実際に実施されたのか？　その効果があったのか？　も把握できているのです。

　つまり、「①ゴール」「②状況」「③課題」をインプットすれば、適切な「④解決策」を回答するChatBotができるのではないかと考えたのです。しかも、それは実際に役立つ、つまり課題解決に寄与する「④アドバイス」を回答するのです。

　今回の荻野さんからの本の企画は、このChatBotの回答づくりにも寄

与する可能性が高く、しかも伴走する編集者に熱意を感じるのです。喜んでお受けしました。

　しかし、この執筆を振り返ってみると、100項目について適切な回答を書くのは本当に骨が折れました。その結果、出版まで1年間がかかったのです。ただ、時間をかけたこともあり、皆さんの役に立てるものになったのではないかと思っています。

　この本には、二つの使い方があるのではないかと想定しています。一つは、通常の本のように前から順に読んでいき、リーダーとしてのスキルを習得していくという使い方です。そしてもう一つは、何か課題を解決したいときに辞書やテキストのように使う方法です。

　お勧めは、せっかく手に取っていただいたので軽く全体を読んでいただき、その後、手元に置いておく。そして、何か困ったときに辞書のように使い、課題解決のヒントを見つけるというものです。

　この本が、皆さんの日々の課題解決に寄与できればうれしいです。

　最後に、この本の執筆に当たり、日々一緒に学んでいる中尾塾参加者、歴代参加者に感謝します。皆さんのおかげで生きた課題解決策を書くことができました。また、この本を書くに当たり、1次読者として分かりにくい表現の校正を手伝ってくれた仲間である大崎さん、藤井さんに感謝します。また、このような機会を提供してくれた一般財団法人労務行政研究所ならびに荻野さん、高橋さんに感謝いたします。

2023年4月

中尾隆一郎

リーダーが変われば、チームが変わる
メンバーの力を引き出す100のメソッド

目次

第**6**章　人材育成 73

第**7**章　モチベーション 85

第**8**章　コンフリクトマネジメント 97

第 **1** 章

こんなリーダーに
なっていないか？

1 威張る、怒る、怒鳴る

関連テーマ：40

> 「威張る」「怒る」「怒鳴る」はどれも厳禁。理由は二つ。一つは、どれも業績を向上させないばかりか悪化させるから。もう一つは、時代が変わって世の中はこれらの行動に対して寛容ではないから

解説 ハードマネジメントは不要

　あなたがリーダー、あるいは管理職ならば知っておくべき重要なポイントがある。一部のハイパフォーマー（高業績者）の中には「上から抑えつける管理（ハードマネジメント）のおかげで現在の私がある」と言う人がいる。この話は本当だろうか。ハードマネジメントのおかげで、その人は成長できたのだろうか。

　実は、その人はハードマネジメントといったひどいマネジメントを受けていたにもかかわらず、生き残り成長できた稀有（けう）で優秀な人材であった可能性はないだろうか。そう考えると、もっと良いマネジメントを受けていたら、その人はつらい思いをしなくてもハイパフォーマーになれたのではないだろうか。

　逆に、怒られた、怒鳴られたことが理由で会社を辞めた人材はたくさんいる。そもそも会社は採用や教育に多くの費用と時間をかけている。リーダーの態度や発言のせいでメンバーが辞めたとしたら、それまでのコストは無に帰してしまい、その損失は計り知れない。

　また、ようやくまともな時代になって、昨今は各種ハラスメントに対する世間の受け止め方が極めて厳しい。ハラスメントを許容した従来の職場が異常だったと理解したほうがよい。一つの発言、態度、行動で、あなたはそのポジションを失うこともある。

　ハードマネジメントをしないでメンバーを褒めすぎると、メンバーは安心して、低いレベルで満足したり、ひどい場合は、サボってしまったりするという話を聞くことがある。褒めすぎてサボる人が皆無だとは言

ハードマネジメントの弊害

メンバーが萎縮してしまい、リーダーの顔色ばかりうかがうようになり、チャレンジしなくなる。そして、その人だけでなく、他の優秀な人材も辞めてしまう

わないが、ハードマネジメントで会社を辞める人の確率よりずっと低い。

活用 承認する、褒めるが有効

メンバーに対して、「威張る」「怒る」「怒鳴る」の代わりに「承認する」「褒める」ことをお勧めする。筆者は多くのリーダーにこれをアドバイスしている。継続するとメンバーとの関係の質が向上する。その結果、メンバーに高い要望を出しても、受け入れられるようになる。

とはいえ、腹が立つときもある。その場合は、すぐに言葉にするのではなく、感情を保留し、その場から離れることをお勧めする。

偉そうに書いたが、懺悔するとかつての私（筆者）は威張っていた。20代で抜てきされたと勘違いし、年上のメンバーに対して傍若無人な態度を取っていた。人間は感情の生き物。そんなリーダーには誰も付いてこない。私は、異動する際に、自分の行動を顧みた。そして、大きく反省し、行動を改めた。最初は難しかったが、意識し続けることで、変わることができた。

2 気分で仕事をする

「気分で仕事をする」リーダーには二つ問題がある。一つはマネジメントに必須のスキル＝PE（People Empowerment）がなく、リーダーに不向き。さらに、気分で判断をすると、メンバーはいちいちリーダーの判断を確認しないといけないので、組織の生産性が低下する

解説 リーダーには PE が必須スキル

　あなたがリーダーならば、マネジメントに必須の二つのスキルについて知っておく必要がある。一つは PE（People Empowerment）で、自分も含めて人をやる気にするスキル。もう一つは PM（Project Management）で、仕事を効率よく進めるスキルである。マネジメント職はこの二つのスキルを車の両輪のように操ることが求められる。

　ところが「気分で仕事をする」とは、PE がないことを示している。気分が乗ったときには良い仕事ができるが、逆のときにはそうではないということ。もちろん人は感情の生き物なので、気分がすぐれないときはある。それは当たり前。そのようなときにどうやって自分のやる気を向上させるかがとても重要になる。自分をやる気にさせることができない人は、メンバーをやる気にはさせられない。

　さらに、この「気分で仕事をする」が「判断」に影響を及ぼしていれば最悪だ。リーダーの仕事を一つだけ選ぶとするならば、それは「判断すること」だ。特に、メンバーがどちらに進めばよいか分からないときに、少ない情報しかなくても判断することが求められる。判断できない人にはリーダーは務まらないと考えたほうがよい。もちろん状況と目的が変われば判断は変わっても当然なので、これは問題ない。むしろ、そうしなければいけない。しかし、「気分で判断をする」のならば話は違う。状況や目的の変化ではなく、気分で判断がコロコロと変わるならば、組織運営に支障を来す。

PEがないリーダーの特徴

マインド 	そもそもやる気がない／気分で仕事をする／感情のコントロールができない／精神論で語る／自己保身が強い／古い価値観に固執する／新しいことに挑戦しない／謙虚さがない
行動様式	発言（判断）がブレる／揚げ足を取る／コミュニケーション能力が低い／仕事をメンバーに丸投げする／自分のミスをメンバーに押し付ける／メンバーの手柄を自分のものにする／問題を先延ばしにする（決断しない）／知ったかぶりをする／人の話を聞かない（常に自分が正しいと思っている）

　リーダーが「気分で判断をする」ならば、メンバーは、リーダーがどう判断するのか想像ができない。その結果、メンバーは毎回毎回、リーダーに判断を仰がなくてはいけなくなる。すると例えば、顧客からの要望に対して迅速に対応ができなくなる。当然、確認の回数は増え、業務遂行のスピードが落ち、仕事がうまく進まなくなる。現代のビジネスではスピードが遅いことは致命的だということを再確認しておきたい。逆にスピードが速いことは大きなアドバンテージになる。

活用 気分が乗らないときの復活方法を持つ

　人間は機械ではないので、気分が乗らないことがあるのは事実。そんな場合、短期間で復活する方法を事前に見つけておくとよい。身体と心はつながっているので、睡眠時間を十分に取る、甘いものを食べる、軽い運動をする、といったことや、家族ともめている場合は解消させることを優先する、など、自分なりの方法を見つけておこう。

3 権限委譲ができない

関連テーマ：29、42、71〜75

「権限委譲ができない」。これには二つ問題がある。一つはメンバー
が育たない。つまり、メンバーはリーダーの仕事をすることで育つ
が、それができない。もう一つは、リーダー自身が次のレベルの仕
事に取り組む時間を生み出せない

解説 四つのマネジメントスタイルを使い分ける

　メンバーに対するマネジメントスタイルは、①委任型、②援助型、③
コーチ型、④指示型の4種類。①委任型は、メンバーが、その仕事を実
行できる高いスキルや豊富な経験を保有し、かつその仕事を担当するモ
チベーションが高いときにうまくいく。まず、これらを確認することが
重要なポイントになる。②援助型は、スキルや経験は高いが、モチベー
ションが中もしくは低の場合。③コーチ型はスキルや経験が中程度の場
合。④指示型はスキルや経験は低いが、モチベーションが高い場合のマ
ネジメントスタイルである。ちなみにスキルや経験が低く、モチベーショ
ンも中もしくは低の場合は、その仕事から外すことが望ましい。

　権限委譲の話に戻すと、権限委譲するときのリーダーは、以下の三つ
のポイントをメンバーに伝えることが大切だ。❶ゴール、❷ゲームルー
ル、❸OBライン（やってはいけないこと）である。ゴルフに例えると、❶
全体で○位以内に入る、❷クラブでボールを打ってホールに入れ、打数
の少なさを競う、❸OBラインを越えてはいけない、となる。そして、
メンバーは❹定期的に報告する内容と頻度をリーダーと確認しておく。
同じくゴルフに例えると、定期的にスコアボードで打数と順位を見られ
るようにしておくということだ。

　この権限委譲をする際にありがちなのが、リーダーは、メンバーに権
限委譲したので、あまり細かいことを聞いて確認してはいけないと勘違
いすること。同じくメンバーは、権限委譲されたので、リーダーに報告

メンバーに対するマネジメントスタイル

リーダーには、次の四つのマネジメントスタイルを使い分けることが求められる

援助的行動 多い↑ 少ない↓ / 指示的行動 少ない→多い	援助型　コーチ型 委任型　指示型	委任型	・委任＝権限委譲する ・定期報告を受ける	・メンバー：定期報告をする ・**リーダー：OBラインを越えない限り見守る**
		援助型	・褒める ・聞く ・促す	・メンバー：定期報告をする ・**リーダー：プロジェクトメンバーとしてアドバイスする**
		コーチ型	・指示する ・援助する	・メンバー：週1、月1報告 ・**リーダー：メンバー自ら考えるようにサポートする**
		指示型	・細かく指示する ・コントロールする ・監督する	・メンバー：日々報告 ・**リーダー：日々確認、指示**

K・ブランチャードほかが
『1分間リーダーシップ』
（ダイヤモンド社）で提唱

しなくても自由に何でもやってよいと勘違いすることだ。これらの結果、コミュニケーションの頻度が減り、離齬（そご）が生まれることが少なくない。これを防ぐために、前述の❹定期的に報告する内容と頻度を確認することがとても重要になる。

　リーダーは自分の仕事を権限委譲することで、新たな時間が生まれる。この生まれた時間を使って、自分の組織の未来について考えることができる。組織の未来についてリーダーが考えなければ、誰も考えない。あるいは、上司が現場の状況も知らないのに勝手に考えてしまう可能性もある。そうならないためにも、積極的な権限委譲をお勧めする。

活用　権限委譲で組織全体の成長を促す

　短期間の物差しで考えると、目の前の仕事は、メンバーに権限委譲などせずに自分でやったほうが早いし、その質も高い。しかし、それを続けると、メンバーは育たないし、あなたも成長しない。権限委譲することで組織全体が成長する可能性が高まるということを理解しておく必要がある。

4 褒めない、叱れない

関連テーマ：13、21、22、43、56、76、78〜80

> リーダーにとって「褒める」、正確に表現すると「感謝する」「承認する」スキルは必須。一方、「叱る」は極論すると、できなくても、しなくても問題はない

解説 褒めるのが重要。叱ることは必要ない

日本では「褒める」ことをほとんどしない職場が多い。あなたが最近、いつ誰を褒めたのか、逆にいつ誰から褒められたのかを思い出してほしい。両方とも「ない」と回答する人が多いのではないだろうか。

管理職に誰かを褒めてみてはと問い掛けても、褒めるような人は思い当たらないという人が多い。「褒める」「感謝する」「承認する」の反対語は「当たり前」。例えば、メンバーが与えられた目標を達成しても、仕事だから達成しても当たり前だと勘違いし、褒めたり、感謝したり、称賛することをしない。ところが目標を少しでも下回ると、もれなく叱責する職場も多い。

この話をすると、「褒める」と相手が甘えて、努力しなくなるという話を聞くことがある。しかし、実際は、そんなケースはほとんどない。それどころか褒められるともっと頑張る人が多い。ある会社では、目標を達成するとみんなが「おめでとう」と褒めてくれる。それがうれしくてまた頑張るという好循環になっている。別のある会社はさらにすごい。目標達成に対して「ありがとう」と感謝してくれる。こちらももっと貢献したいと考えて、また頑張る。

2012年にGoogleが業績の良いチームの共通点を調べたプロジェクトアリストテレスという調査がある。それによると、生産性が高いチームには、「心理的安全性」が高いという共通点があることが分かった。そして、心理的安全性が高いチームには二つの特徴があった。一つは、おおよそメンバーの発言量が同じ。つまり、会議などで特定の人だけが話す

褒め方にもコツがある

❶ 日頃からメンバーをよく**観察**し、仕事ぶりを把握しておく
❷ **感謝の気持ち**を伝える習慣をつける（○○さんが協力してくれて助かったよ。ありがとう）
❸ 褒めるには**タイミング**が重要。努力した点や良い変化を見逃さない
❹ **具体的な事実**を挙げて褒める
❺ **メンバー自身の過去との比較（成長点）**。他のメンバーと比較しない
❻ 結果が伴わない場合は、結果ではなく**プロセス**を褒める
❼ 褒める場合は、**自分を主語**にして伝える（**私は、**○○さんがいつも前向きに仕事に取り組んでいる姿勢が良いと思っているよ）
❽ **ネガティブな言葉は使わない**（納期に遅れなくてよかった→期日どおりに納品できてよかった）

のではなく、参加者みんなが話をする機会がある。そしてもう一つは、共感力が高い。つまり、承認をしてくれる。このような組織は、いかなる困難や課題があってもチームで解決できる。

　一方の「叱る」は、とても高度なスキルが必要になる。叱ることを上手に活用するのはかなり難しいと認識しておいたほうがよい。下手に叱って、メンバーのやる気をそいだり、メンタルヘルスに不調をもたらしたりすることが多い。それは叱られる側の問題ではなく、そもそも叱るには高いスキルが必要だからだ。いうなれば、生命に関わる行為あるいは危険な行為をしている瞬間以外は、叱る必要はない。

活用　毎日１人、メンバーを褒めよう

　毎日１人、メンバーを褒める習慣をつけてみよう。毎日１人、週に５人。褒めるためには、相手の業務に関心を持つ必要がある。最初は相手も怪訝そうな顔をするかもしれないが、それでも続けよう。そして褒めたポイントをメモしておこう。そのメモを集めて、メンバーの査定フィードバックのときに再度活用しよう。「いつもあなたの良いところを見ようとしている」というメッセージになり、コミュニケーションが円滑になる。

5 意思決定できない、決断できない

リーダーの最大の仕事は「決める」こと。特に、時間も情報も少なく、AかBか迷う難しい決断をすること。AかBか簡単に判断できることは、リーダーではなくメンバーに権限委譲して判断させるとよい

解説 対話と決断を組み合わせる

　日本企業はコンセンサス（合意）を取るのが得意で、また、それを重視する傾向が強い。例えば、会議あるいは稟議（りんぎ）システム。参加者全員が納得するまで議論を尽くす。その結果、みんなが合意しているので、実際に仕事を進める際にうまくいく可能性が高いことも多い。また、この合意のメリットは、複数の目を通して物事を決めるプロセスなので、案件のリスクチェックなどでヌケモレを防ぐことができる。しかし、その一方で、時間がかかるというデメリットもある。

　逆に、1人のリーダーが決断するという方法は、決断の時間を短縮できるというメリットがある。しかし、その一方で、どうしてもリスクチェックなどに対してヌケモレが生じる可能性があるというデメリットがある。それならば、両方の良いとこ取りをすればよい。具体的には、時間を決めて会議を設定し、複数の人たちに自由に対話をしてもらう。しかし、最終的には1人のリーダーが決断をする。すると、複数のリスクチェックに加え、いたずらに時間がかかるのを防ぐこともできる。これを会議のルールにすればよい。会議では進行役の議長を決めるが、本来の議長の役割は、この「決める」ということだ。

　もちろん、対話している中で合意が取れれば、それに越したことはない。しかし、判断が難しい案件は、合意できないケースがほとんどだ。その場合は、リーダーが最終的な決断を下すということを決めておく。

　加えて、リーダーが最終的に決めたことは、自分の意見と違ったとし

決断のための重要なポイント

❶ リーダーの役割は「決断」することで「判断」することではない
❷ 決断＝意思決定とは「やること」「やらないこと」「やめること」を決めること。一方、判断とは複数の選択肢から最適解を導き出すこと
❸ 情報が少ない中で決断することは、**リスクを取ること**と同義
❹ 決断は**責任を伴う**
❺ **責任の所在を明確に**しておかないと、迅速な決断はできない
❻ 決断するには、**問題の本質的理解**と**論理的思考力**が必要

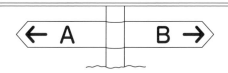

ても実行するというルールを作っておく。つまり、納得していなかったとしても実行するということ。これを組織の共通の価値観や約束事にしておくことが重要だ。

　また、中には情報が少ないので決められないという人もいる。しかし、実際のビジネスでは情報が十分にある場面などほとんどない。少ない情報であったとしても、参加者の発言と過去の経験や事例などを総動員して決めなければならない。それがリーダーの重要な仕事だ。

活用　合意していなくても実行する文化をつくる

　日本企業では、コンセンサス原理主義であることが多い。「納得しないことはやらない」がまかり通る。それを避けるために、関係者全員の納得を得るための根回しも多い。これらが組織の生産性を下げている。さらに悪質なのは、会議の場では発言せずに、会議に参加していないメンバーに「私は、その結論について本当は納得していないんだ」と話す人もいて、しかも、それが許されたりする。そうではなく、会議で決まったことは、絶対に実行するという組織文化を醸成したい。

💡 第1章に出てきた主な用語・フレーム

☐ ハードマネジメント

☐ PM（Project Management）と PE（People Empowerment）

☐ 四つのマネジメントスタイル（指示型／コーチ型／援助型／委任型）

☐ 心理的安全性

✏ **MEMO**

第 **2** 章

リーダーの立場と役割

仕事の管理と人の管理

関連テーマ：2、15、21、39

> マネジメントに必須のスキルはPMとPE。PM（Project Management）は仕事を効率よく進めるスキル。PE（People Empowerment）は自分も含めて人をやる気にするスキル。二つを車の両輪のように操ることが求められるが、まずは得意なほうのスキルを伸ばす

解説 リーダーに必須の二つのスキル、PMとPE

リーダーは管轄する組織の目標を達成することが求められる。組織目標を達成するためには、達成に必要な仕事を洗い出し、進め方を考え、それぞれの仕事に必要なメンバーを割り当てることが必要だ。そして、その仕事の進捗状況に合わせて、微修正を行うことが求められる。仕事の側面のスキルをPM（Project Management）、人の側面のスキルをPE（People Empowerment）という。

PMは、PMBOK®（Project Management Body Of Knowledge：プロジェクトマネジメントの知識体系）の10のステップを参考にするとよい。具体的には、❶ゴール（成果物）を確認する→❷必要な仕事を洗い出す→❸仕事を割り振り、所要時間を見積もる→❹スケジュールを作る→❺メンバーの負荷を調整する→❻予算を見積もる→❼QCD（品質、費用、納期）を確定する→❽リスクに備える→❾実行・修正する→❿終結と振り返り、となる。

この10のステップのうち❶〜❽までが事前準備に当たる。仕事の成果は段取り8分、仕事2分というが、まさにそのとおり。この❽までのステップを事前にきちんと踏むことが、目標達成に近づくための重要なポイントになる。これを怠るリーダーが少なくない。

一方、PEのポイントは大きくは二つ。人間関係をつくることと人材育成をすることだ。マサチューセッツ工科大学元教授のダニエル・キム氏が提唱した「成功循環モデル」では、成功するための四つのステップ

PM×PEで能力の面積を広げることが重要。まずは1方向を伸ばそう！

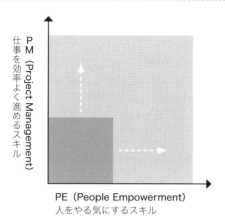

PM（Project Management）
仕事を効率よく進めるスキル

PE（People Empowerment）
人をやる気にするスキル

を①関係の質→②思考の質→③行動の質→④結果の質、と説明している。つまり、組織の人間関係を良くすること、関係の質を高めることが、目標達成という結果を得るための第一歩だということだ。加えて、変化が大きい現代のビジネスでは、仕事を実行するスキルのアップデートが必要になる。そのためには、リーダー自身も含めて人材育成、つまり成長をし続ける必要がある。組織の成長は、リーダーの成長が制約条件（ボトルネック）になる。リーダーが学び続けること、そして、その姿勢をメンバーに見せることはとても重要だ。

活用　まずはPMかPEを徹底的に伸ばす！

　リーダーの能力は、このPMとPEを2軸で表現した場合、四角形の面積として表現できる。最終的にはPMとPEの両方のスキルを使いこなせるようにならないといけないが、誰しも得意不得意があるので、まずは得意なほうのスキルを徹底的に伸ばすことを勧めている。一つのスキルが伸びる（つまり一辺が長くなる）と、もう一つのスキルが少し伸びただけでも、能力の四角形の面積は大きくなる。まずは、どんどん得意なスキルを伸ばすという意識を持ってほしい。

7 経営方針を伝え、部門の使命を語る

関連テーマ：23、50、99

> 誰もが自分の仕事には意味があると感じたい。だからこそ、リーダーは、メンバーに自部門の仕事が重要であることを伝える必要がある。そのためにはメンバーに対して、会社のミッション、ビジョン、バリューや経営方針、戦略と自部門の業務をうまくつないで伝える必要がある

解説 会社の経営方針と自部門の業務をつなぐ

　人は誰しも自分の仕事には意味があると感じたい。社員がその会社に定着するには、成長感と貢献感を持てることが重要だ。つまり、この組織にいれば、できることが増えていくと「感じられる」ことと、この組織に役立っている、貢献できていると「感じられる」ことが重要である。そして、貢献できていることが重要な仕事であればなおよい。そのために必要なことは、まず会社や事業の経営方針、ミッション、ビジョン、バリューなどを正確に理解すること。次に、それらと自部門の業務をうまくつないで、メンバーに伝えることである。会社や事業の重要な役割の一部を担っているのが自部門であると分かれば、仕事の重要性を理解してもらいやすい。

　元大手自動車メーカー勤務のTさんが管理職になりたてのときの話。Tさんは自社のミッション、ビジョン、バリューと自部門の業務をつなげられないかと考えた。同社のバリューの中に「（顧客から）存在を期待される企業になる」というものがあった。「存在を期待される企業を目指してチャレンジする」は自身もしっくりくるフレーズだった。そこで、「存在を期待される企業」→「存在を期待される事業部」→「存在を期待される部」→「存在を期待される課」→「存在を期待されるチーム」→「存在を期待される個人」とブレークダウンしていった。

　自部門内で、Tさんは、自分は「存在を期待されるマネジャー」を目

ミッション、ビジョン、
バリュー

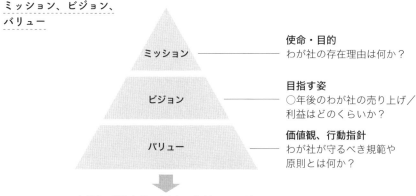

	使命・目的
ミッション	わが社の存在理由は何か？
ビジョン	目指す姿 ○年後のわが社の売り上げ／ 利益はどのくらいか？
バリュー	価値観、行動指針 わが社が守るべき規範や 原則とは何か？

自部門の業務とどのようにつながっているか

指してチャレンジすると宣言した。そして、メンバーには「存在を期待される個人」であり続けることを目指してチャレンジしてほしいと伝えた。その際に、誰から「存在を期待される」のかということを併せて議論した。議論の結果、二つの「誰」が確定した。一つは「顧客」。もう一つは「社内の別部門」。この二つから「存在を期待される」ようになろうと全員で確認した。それ以降、メンバーとの会話が変わった。「これでは、顧客から存在を期待される仕事のレベルに達していないのではないか？」「この結果は、○○部門から存在を期待される仕事のレベルに達しているのか？」といった会話が頻繁に交わされるようになった。

活用 まずは会社の経営方針を確認する

　これを機会に自社、自部門の経営方針、ミッション、ビジョン、バリューなどを確認してほしい。例えば、年初に経営者が社内外に向けて発信する年頭所感には、経営者が重要と考える内容がちりばめられている。この内容を正確に理解し、自部署の業務と関連づけてみる。そして、その関連性について、あなたの上司にも伝えておくことをお勧めする。そうすれば上司もあなたの部署の重要性を認識でき、他部門に対してPRできる。そうすると期末の査定などの場合でも、あなたの部署に対して高評価を付けやすくなるだろう。

8 目標達成に向けて戦略を立案する

戦略とは戦いのための略。つまり、戦いがうまくいくように前もって考えておくことだ。戦略を立案する場合は、より具体的な作戦、戦術、兵站を視野に入れて考えることが必要

解説 ①戦略、②作戦、③戦術、④兵站

ビジネスには軍事用語が転用されたものが少なくない。①戦略、②作戦、③戦術、④兵站などもその一例だ。この中で最初に考えるのが①戦略。戦いが常にうまくいくように前もって考えておくこと。具体的には、継続的に勝ち続けるための「強み」を構築すること。いうなれば、頑張らなくても勝ち続けられる「仕組み」をどうやってつくるのかを考えることだ。例えば、他社が容易にまねできない高付加価値の商品・サービスをつくる価値優位の戦略。あるいは、他社がまねできない生産性の高いオペレーションで安く商品をつくるコスト優位の戦略などが挙げられる。やることを明確にし、注力するポイントを絞ることが戦略である。

次が②作戦。戦略を実現するためのプロジェクト（具体的な方法や計画）のことをいう。戦略を実現するために、いつ、どこで、誰が、何を、どうやって、実行するのかを決める。戦略を実現するために複数の作戦（プロジェクト）が並行して実行されることも少なくない。

その次が③戦術。作戦を達成するための具体的な手段であり、自社、自部門が保有する経営資源（人・モノ・金・情報）をどのように活用するのかを考えることである。

そして最後の④兵站。兵站とは、戦略全体を支える経営資源のこと。人・モノ・金・情報といった経営資源をどのように現場に供給するのかを考える仕事といえる。そして、この兵站をきちんと考慮していない組織が多い。実際の戦争では、武器・弾薬や水・食料など戦線を維持するために必要な物資を最前線の兵士に届けるための兵站が崩壊してしまう

軍事用語と経営用語の対比

と、戦うことができなくなる。過去の戦争を分析すると、敗戦の原因は兵站の問題であることが少なくない。

　良い戦略・作戦はシンプルで分かりやすい。今何をすべきかが実行可能な形で示されているので、後は、そこに経営資源や行動を集中させればよい。悪い戦略・作戦は、その逆で、重大なテーマに取り組んでいなかったり、あるいは実現不可能だったりする。

活用　戦略に組織、システム、報酬制度をひもづける

　会社では経営者が定めた戦略に基づいて幾つもの作戦が立てられ、その作戦を遂行するために複数の戦術がつくられ、それらの戦術を行うための兵站（経営資源）の確保が行われるという関係性になる。戦略論の大家マイケル・ポーターによると、差別化戦略（他社にはない自社の強みを活かし、市場で優位な地位を築く戦略）を実行するためには戦略、組織構造、マネジメントシステム、報酬制度の整合性を取ることが重要とされている。一方のコスト優位の戦略を採る場合は、シンプルな組織構造、厳格なコスト管理、コスト削減への報奨金やインセンティブ制度の整備などが重要になる。

メンバーのやる気と能力を引き出す

関連テーマ：13、28、31

人はやりたいことをやっているときに、最大の能力を発揮する。すなわち、メンバーのやる気を高めることができれば、能力を引き出すことにつながる。また、メンバー自身はやりたいが、まだ能力が伴わない場合、能力を習得しようとするので能力開発も期待できる

解説 WILL-CAN-MUST

筆者がかつて29年間在籍していたリクルートには「WILL-CAN-MUST」というフレーム（思考の枠組み）がある。これがメンバーのやる気と能力を引き出すのに役立つことが多い。WILL はその人のやりたいこと（希望・欲求）。CAN はできること（能力・スキル）。そして MUST は会社から求められ、やらなければいけないこと（役割・周囲からの期待）。これらを三つの輪で表現する。

最も良い状態は、WILL の輪と MUST の輪がぴったり重なっていて、その内側に少し小さな CAN の輪がある状態。つまり、自分のやりたいこと（W）と会社から求められていること（M）が一致している。しかし、まだそれを実現する能力（C）は小さいので、能力開発をする必要がある。自分がやりたいことなので、自ら努力する可能性が高い。

良くない状態は二つあるが、共通するのは、やりたいこと（W）が不明確な点である。まず一つは、会社が求めていること（M）とできること（C）の輪が重なっていない、あるいは重なりが小さい。つまり会社から求められたことをするには能力開発しないといけないが、やりたいことではないという状態。したがって、能力開発に前向きになりにくい。

もう一つは、できること（C）の内側に会社から求められていること（M）の輪がある状態。つまり、業務を簡単にこなせる状態。こちらは一見良い状態に思えるかもしれない。しかし、能力開発する動機づけが乏しいので、成長が止まりがちになる。

「やりたいこと」と「できること」と「やらなければいけないこと」の関係

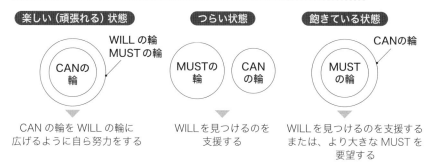

リーダーは、最も良い状態を目指し、二つの良くない状態を避けるためにもメンバーのやりたいことを見つける必要がある。そのためには、短期ではなく3年後、5年後など中・長期での夢やなりたい状態について話し合うことだ。そして、それを実現するために、1年後、2年後にどのような状態になっておけばよいのかという中間目標を設定する。それに関連する業務を割り振ることができると、さらに本人のやる気が向上することが多い。

ただし、メンバーによっては、必ずしもやりたいことが明確でないタイミングやケースも少なくない。そのような場合は、リーダーが持っているやらないといけないこと（M）、つまり、その組織の主要な仕事を手伝ってほしいと伝えるとよい。メンバー自身のやりたいこと（W）が見つかるまでその仕事をやれば、できること（C）の幅が広がるので、能力開発になることが多い。

活用　WILL を定期的に考える機会をつくる

簡単にやりたいこと（W）が見つからないケースも多い。そして無理やり見つける必要もない。筆者自身は30代半ばを過ぎてやりたいことが見つかった。焦る必要はない。しかし、定期的に考えることは重要だ。メンバーとの目標設定面談、中間面談、査定のフィードバック面談など、定期的に考える機会を設けるのはとても重要である。

10 メンバーを育てる

関連テーマ：32、73

> メンバーを育てるというと、特定の個人を育てることをイメージする人が多い。もちろん、それも有効だが、併せて組織全体に共通言語をつくることで生産性を高め、組織力を高める方法がある。これらを組み合わせてメンバーを育てることを志向したい

解説 個人と組織の両面を育成する

　メンバーを育成するのは投資対効果（ROI：Return On Investment）が高い。メンバーは成長することでできる仕事が増える。それを組織全体で実施できるとさらに効果が高くなる。加えて、離職率も低減できる。人が離職する理由は、会社に不満があるというよりも職場に不満があるケースが多い。その理由は、その職場で成長実感が持てないことや上司から何も学べないことなどが挙げられる。つまり、メンバーを育成するということは、組織力強化と離職防止の両面で役立つ可能性が高い。

　個別のメンバーを育成する際には、「ラーニングゾーンモデル」が参考になる。三つの同心円をイメージしてほしい。一番内側がコンフォートゾーン、次がラーニングゾーン、そして一番外側がパニックゾーンだ。内側のコンフォートゾーンは、現在のスキルで仕事ができる楽な状態。そして最も外側のパニックゾーンは文字どおり、あまりに高いレベルのスキルが求められてパニックを起こす状態。能力開発では、ラーニングゾーン、つまり現在のスキルだけでは仕事ができない状態にするのがよい。現在の能力に加えて4%程度の負荷をかけることが最も能力開発の効果が高いという研究結果もある。個別の能力開発では、メンバーに少しチャレンジをさせ続けることが重要なポイントだ。

　もう一つの育成方法として、組織全体を育成する場合を考えてみよう。これは組織に「共通言語」をつくるとよい。例えば、業界や職種に関係ない共通スキルとして、プロジェクト進行の手順、思考法、会議のファ

個人の育成と組織の育成

個人の育成

パニックゾーン
あまりに高いスキルが求められてパニックを起こす状態

ラーニングゾーン
現在のスキルだけでは仕事ができない状態→**少し負荷をかけることで能力開発が進む**

コンフォートゾーン
現在のスキルで仕事ができる楽な状態

組織の育成

共通言語の獲得と浸透
成長に向けた経験の共有

シリテーションスキル、プレゼンテーションスキルなどが挙げられる。加えて、職種ごとの専門性の高いものも共通言語にできる。例えば、筆者は1年間に何店舗も出店をする組織の責任者をしていた経験がある。新店の責任者には、出店エリア選定、出店場所選定、事業戦略策定、新スタッフの採用や育成、集客、取引先の開拓などさまざまな業務が求められる。これらの手順、フォーマットや用語などをそろえて共通言語化（ツール化）していた。そして、新規店長には出店までの経緯を振り返ってもらい、各種ツールをアップデートするようにしていた。

　これらにより、過去に新規出店の経験がないメンバーでも新規出店にチャレンジしやすくなり、それを成功させることで自信を持てるようになった。ぜひ、メンバー個別の能力開発に加えて、組織全体の能力開発である共通言語づくりにも意識を向けてほしい。

活用　実際の業務を通して人材育成をする

　メンバーや組織を育てるには、研修だけでは限界がある。そのため、実際の業務を通して育成するOJT（On the Job Training）の設計が重要となる。組織で何度も発生する業務から共通言語化してOJTの設計を行うとよい。上記の新規出店時の新店長育成などはまさにその典型例だ。先に出店した店長の経験から、たくさんの学びがあった。

💡 第2章に出てきた主な用語・フレーム

☐ PM（Project Management）と PE（People Empowerment）
☐ PMBOK®（Project Management Body Of Knowledge）の 10 のステップ
☐ 成功循環モデル
☐ 戦略・作戦・戦術・兵站
☐ WILL-CAN-MUST
☐ ラーニングゾーンモデル

✏️ MEMO

第 **3** 章

リーダーとしてのスタンス

11 成果を上げるリーダーの心構え

関連テーマ：74、96、97

> リーダーというと自ら組織を牽引しなければいけないと肩に力が入る人も多い。リーダーの最大の役割は、自部門で最大の成果を上げること。そう考えると、組織の状況と上げたい成果によって、さまざまなリーダーシップがあり得ることを知っておこう

解説 芸能人のマネジャーを例に考える

　組織のリーダー、いわゆるマネジャーは、指示命令型がよいのか、率先垂範型がよいのか、最近よく言われるサーバント（奉仕）型がよいのかと聞かれることがある。リーダーのタイプは本当にたくさんある。回答はどれも正しくて、どれも間違っている。つまり、万能なリーダーシップはないということだ。

　大事なのは、担当する組織のメンバーにとって最適なマネジャーであること。つまり、それぞれのメンバーに対して最適であれば、組織の成果が上がりやすいということにほかならない。筆者が、この話をする際によくする例え話が、芸能人のマネジャーである。一流のマネジャーは、一流芸能人のマネジャーのように相手に合わせて行動を変えることができる。例えば、お笑い芸人のマネジャーをイメージしてほしい。ダウンタウンのようなトップ芸人を担当するマネジャーは、松ちゃん、浜ちゃんの2人が気持ちよく最高のパフォーマンスを発揮できる状況をどうすればつくれるのかを考えている。2人にみじんもストレスを与えないように、気持ちよく仕事ができるように環境に気を配ることは当たり前。きっと2人が次に何をしたいのか想像しながら、常に先手を取るために、いろいろ考えて行動している。そして、もちろん、よほどのことがない限り、仕事の中身についてアドバイスなどしない。いわゆる究極のサーバント型リーダーシップを実践しているわけだ。

　しかし、同じ芸人でも若手を担当するマネジャーは違う。サーバント

成果を上げるリーダー・マネジャーとは

一流芸能人のマネジャーは、**相手に合わせて行動を変えることができる**

最高のパフォーマンスを発揮できる状況を常に考える

トップ芸人を担当する場合	若手芸人を担当する場合
気持ちよく仕事ができるように環境に気を配る。次に何をしたいのか想像しながら、常に先手を取って行動する。よほどのことがない限り、仕事の中身についてアドバイスなどしない	仕事の中身についてアドバイスする。芸の前に礼儀作法や仕事の基礎、場合によっては常識なども教えないといけないことがある

サーバント（奉仕）型リーダーシップ　　　　　指示命令型リーダーシップ

型リーダーシップでは、若手が伸びないことが多い。もちろん若手でも最高のパフォーマンスを発揮させることを志向するのは同じ。しかし、仕事の中身についてアドバイスすることも多い。芸の前に礼儀作法や仕事の基礎、場合によっては常識なども教えないといけない場面もあるかもしれない。つまり、指示命令型リーダーシップが求められる。また、芽が出ない中堅の芸人を担当するマネジャーであれば、本業だけでは生活できない芸人に対して、次のキャリアを考えさせるという難しい仕事に臨む場合も少なくない。これはリーダーシップの範疇を超えている。つまり、大事なことは、固定的なリーダーシップではなく、相手に合わせて柔軟に変化できるようなリーダーシップを発揮することなのだ。これがメンバーの成果を高め、組織で成果を上げるための近道となる。

活用　フォロワーがいなければリーダーではない

リーダーだけでは組織で成果を上げることはできない。大事なのは、あなたがやろうとするアイデアを無条件に受け入れてくれる2人目、3人目のフォロワーの存在である。リーダーは過大に評価され、フォロワーは過小に評価される傾向がある。ぜひ、あなたのフォロワーを見つけ、一緒に組織で成果を上げて、共に称賛を受けるようになろう。

12 誠実な行動

> 誠実とは、私利私欲を交えず、真心を持って人や物事に対すること。誠実な行動ができれば、あなたはより大きな組織のリーダーになれる。誠実な行動ができなければ、あなたはリーダーになる資格がない

解説　品は位で功は禄で

　筆者が主宰する経営者育成の「中尾塾」で、どのような人を管理職にするとよいかという質問が出た。筆者の基準はいつも同じで「品は位で功は禄で」という考え方だ。その意味は「人徳のある者にはより高い地位を与える。功績のある者にはより高い給与を与える」ということである。その役職に任用（一般的には昇格、昇進）する判断軸と、昇給や評価（給料アップ）をする判断軸は分けて考える。もちろん、成果を上げた人に品性（人徳）があれば問題ないが、そうでない人も少なからずいる。成果を上げることはできても品性が低い人をリーダーにすると、メンバーが疲弊してしまう。その結果、組織が崩壊する。

　では、品性はどう判断するのか？　答えは「私心の少なさ」である。自分が成果を上げるためにメンバーを駒のように使う人は品性がない。成果を上げたのは自分がやったからだと人前で吹聴する人も品性がない。したがって、自分から課長にしてくれとか、部長にしてくれと言ってくる人に限って品性がない。周りから推挙されて、「あの人をうちのリーダーにしてほしい」と言われるようになれば最高だ。

　筆者が営業時代の上司に、「中尾は、人の気持ち『キビ』という漢字を書けるか？」と聞かれたことがあった。そこで「機微」と書いたところ、すかさず上司から「だからお前はダメなんだ。機微という漢字を書く知識はあるが、その機微を実践できていない」と言われた。思い返せば、筆者は業績を上げていたのだが、「俺が、俺が」の営業スタイルだった。この機微の話を聞いた瞬間、これまでの自己中心的だった言動に気付か

リーダーに向いている人－職位と報酬の関係

徳に懋めるは官に懋めしめ、功に懋めるは賞に懋めしむ
『書経』仲虺之誥

品は位で功は禄で

徳の高いものは官位を上げ、
功績の多いものには褒賞を厚くする

画像出典：国立国会図書館「近代日本人の肖像」（https://www.ndl.go.jp/portrait/）

され、なるほどと思った。

　しかしながら、このエピソードは"悪魔の質問"でもある。漢字が書けなかったら、「だからお前はダメなんだ。機微を知らないから実践できていないんだ」と言われたはずである。つまり、「機微」という漢字を書けても書けなくても結論は同じという質問だったわけだ。しかし、この悪魔の質問のおかげで30年たった今でも、機微、すなわち人の気持ちの微妙な変化を気にしなければいけないことが心に刻み込まれている。

　ちなみに、この「品は位で功は禄で」の原典は、中国の最も古い経典『書経』といわれている。そして日本では、西郷隆盛が使って有名になった言葉である。

活用　まずは締め切りを守る

　品性がある人は余裕がある。逆に、品のない人は何をやるにも"ギリギリ"間に合えばよいと思っている。締め切りに近づくまで、なかなか重い腰を上げず、動こうとしない。それが他の人にどれくらい迷惑をかけていたとしても、忙しいことを理由に、締め切りや約束、時間を守らない。まず、品性を高めるためには締め切りや約束、そして時間を守ることから始めよう。

13 メンバーのことをよく考える

関連テーマ：4、9、28、31、76

> メンバーのことをよく考えるとは、その人の強み（CAN）、弱みを把握すること。そして、その人のやりたいこと（WILL）を把握することである。これらを理解した上で業務（MUST）を割り振ることが重要

解説 人はやりたいことをするときに能力を発揮する

　筆者が在籍していたリクルートでは、「あなたは何がやりたいの？」と聞かれる回数がとても多かった。これは、人は「やりたいことをやっているときに最も能力を発揮する」という考え方が基本にある。この「やりたいこと」をWILLと呼んでいた。そして、やりたいけれど、今の能力（CAN）ではできない業務を与えることが能力開発につながると考えていた。やりたいことなので、能力を高めるために努力する可能性が高いということだ。

　もちろん、最初から「やりたい」ことが明確な人ばかりではない。そのような人は得意なこと、できること（CAN）を広げることで、やりたいことが明確になる場合もある。

　あるいは、筆者がWILLの不明確なメンバーによくやっていた方法も有効である。それは、組織としてやりたいこと、あるいは組織がやらないといけない業務（MUST）を一緒にやらせることである。つまり、やりたいこと（WILL）が見つかるまで、やらないといけない業務（MUST）に取り組むことで、できること（CAN）を増やすというアプローチだ。できることが増えるのはうれしいし、また会社の求めることができると評価されるようになる。それが自信につながることも少なくない。そして、何よりもリーダーである自分も助かる。

　最終的には、それぞれのメンバーがやりたいことを見つけるのが望ましいが、簡単に見つからない人も少なくない。かくいう筆者も30代半ばまで見つからなかった。それまでは、多くの上司が筆者にさまざまな機

メンバーの弱みを克服し、強みを伸ばす

WILL-CAN-MUST の輪

楽しい（頑張れる）状態

WILL の輪
MUST の輪

CANの輪

CAN の輪を WILL の輪に
広げるように自ら努力をする

WILL
やりたいこと、仕事を通じて
実現したいこと、希望・欲求

CAN
できること、能力・スキル

MUST
すべきこと、役割・周囲から
の期待

会を提供してくれた。それが今の自分につながっている。そうした機会を与えてくれたことに感謝しかない。

　メンバーの強みややりたいことを把握するためには、日々の観察が欠かせない。しかし、実際にメンバーのことをどの程度の頻度で考えているだろうか。もしかすると年に1回、あるいは半年に1回の人事考課のためだけに考えていないだろうか。特に、悪い査定を伝えるため、その理由を考え出すためにこれまでを振り返るのは、まさに急場しのぎにすぎない。そのようなリーダーをメンバーが信頼するわけがない。では、どうすれば日々考える習慣がつくのだろうか。

　それは、「考える」だけではなく、考えたことを「アウトプットする」習慣をつければよいのである。

活用　毎日1人褒めることから始めてみる

　筆者が主宰している中尾塾（経営者育成塾）でよく勧める方法は、毎日1人、週に5人、メンバーを褒めることである。褒めるためにはメンバーに興味を持たないとできない。1日1回メンバーのことを考えてみよう。メンバーも自分に対して興味を持ってくれているリーダーの話であれば、きちんと聞こうという態度になり、決めたことは確実に実行しようと思ってくれる可能性が高まる。

14 人を見る目の確かさ、見抜く眼力を養う

関連テーマ：41、66

> 人はさまざまなバイアス（認知の偏り）を持っている。自分は人を見る目が確かだ、あるいは見抜く目を持っているという自己認識も後知恵バイアス（事前から自分には分かっていたと後になって思い込む）かもしれない。それを防ぐ必要がある

解説 誰が言ったかではなく、何を言ったかで判断する

　筆者が営業担当時代に常務がアドバイスをしてくれた言葉を、30年たった現在でも覚えている。それは「何を言うかではなく、誰が言うか」ということだ。つまり、話の内容は関係なく、誰が、例えば"信頼している"中尾が言うことで、顧客は契約をしてくれることもあれば、逆に"不信感を持っている"中尾が言ったので、契約をしてくれないこともある、ということだ。特に新サービスや新商品は過去の実績が通用しない。あるのは会社や営業担当に対する信頼や実績だけである。過去の信頼や実績で顧客は判断するのだ。すなわち、「顧客から信頼される営業になりなさい」というのが常務からのアドバイスだった。確かにそうだ。私たちは話の中身ではなく、その話し手を品定めして、その話を信頼することがある。この常務のアドバイスを聞いた筆者が、顧客や社内外の仲間から信頼されるような人材になろうと考えたのは言うまでもない。

　しかし、この話は怖い一面もある。つまり、話の内容にかかわらず、話し手を信頼して、判断を見誤る危険性があるということだ。そこで、筆者は次のように考えた。自分自身は「話の内容はともかく、中尾が言うのであれば信頼しよう」と思われる人物になるように精進しよう。しかし、他人から話を聞く際には、「誰が言ったかではなく、何を言ったかで判断する」ように意識しよう、と。

　バイアス（偏り）の一つに「ハロー効果」がある。これは、学歴や外見、肩書などの目立つ特徴に引きずられて、その他（例えば、話の内容）の

日常での認知バイアス

ハロー効果 ホーン効果	特徴的な傾向や印象に引きずられて、その人や物に対する評価が良くなったり、悪くなったりすること
確証バイアス	自分の考えを裏づける情報だけを収集して、自分の考えに反する情報には目を向けないようになること
後知恵バイアス	問題や課題が起きた後に、「やっぱりそうか、そうなると思っていたんだよ」と、それが事前に予測できていたことのように思い込んでしまうこと
正常性バイアス	「自分だけは大丈夫」と危険を過小評価して、都合の悪い情報に目を向けず、普段の生活を続けようとすること
内集団バイアス	他の集団と比較して、自分が所属している集団やそこに属している人が優れていると判断してしまうこと
バンドワゴン効果	大勢の人が選択している判断は、個人の判断よりも正確である、もしくは信頼できると思い込んでしまうこと

評価も影響を受けるというものである。経営者や学者などの立派な肩書がある人の発言は、ポジティブなイメージを持たれやすい。逆に、服装が乱れているなど外見の印象が悪い人は、ネガティブな印象を持たれ、その人の発言内容もそれに引きずられてしまい、良い評価や感触を得づらい（ホーン効果）。

　社内でも、こうした認知の偏りは自然に起きている。例えば、新入社員の意見は（経験がない新人の意見なので）聞くに値しないと判断しているケースが多いのではないだろうか。過去に失敗したことのある社員の意見は「過去に失敗しているので、今回もそうに違いない」と軽んじるケースが少なくないだろう。本来はどの意見も虚心坦懐に聞く耳を持ち、これらのバイアスを防ぐ必要がある。

活用　事実と意見を分離する

　人を見る目の確かさ、人を見抜く眼力を養うには、まず正しい現状把握が必要である。そのためには、事実を正確に把握する必要がある。自分がいない場での他人の発言を評価する場合は、正確にその発言内容のみを報告してもらい、事実と報告者の意見を分離することが重要だ。

クールヘッドとウォームハート

> クールヘッド（冷静な頭脳）とウォームハート（温かい心）、論理と感情と言い換えることもできる。また、マネジメントに必須のスキルである PM（Project Management）と PE（People Empowerment）ともいえる。最終的には両方が必要となる

解説　マネジメントには PM と PE が必要

　クールヘッドとウォームハートとは、イギリスの経済学者アルフレッド・マーシャルの言葉である。経済学にとどまらず、これはリーダーのマネジメントにも通じる資質であり、リーダーには両方が必要である。クールヘッドがあれば、論理的な正しい判断ができる。ウォームハートがあれば、メンバーの感情にも配慮しながら良いチームをつくれる。そして、リーダーが正しい判断をし、それを良いチームで実行すれば、当然成果が上がる可能性が高まる。この二つはリーダーにとって必要不可欠な資質である。

　この二つの資質を活用して、筆者が提唱するマネジメントに必須のスキル、PM（Project Management：仕事を効率よく進めるスキル）と PE（People Empowerment：自分も含めて人をやる気にするスキル）を推進するのがリーダーの役割である。クールヘッドを使って PM を、ウォームハートを使って PE を推進するわけだ。

　もちろん 1 人のリーダーが PM、PE の両方を持っているならば最高だ。しかし、最初は必ずしも 1 人で両方兼ね備えている必要はない。他のチームメンバーと分担して、トータルで PM、PE を推進できればよい。しかし、この PM、PE のどちらかが欠けるチームは必ず問題が起きる。例えば、PM がないと、仕事を進める上で必要な最初の段階、ゴール設定や計画あたりで齟齬を来すことが多い。旅行に例えるならば、行き先（ゴール）の認識が人によって全く異なる状態をイメージすると分か

リーダーにはクールヘッドとウォームハートの両方が必要

クールヘッド	ウォームハート
論理的な正しい判断をする ＝ PM（Project Management：仕事を効率よく進めるスキル）	メンバーの感情に配慮しながら組織運営をする ＝ PE（People Empowerment：自分も含めて人をやる気にするスキル）

りやすい。仕事を依頼したプロジェクトオーナーとゴールの認識が異なっていたら悲惨だ。しかし、そういうケースも少なくない。また、オーナーとは認識が合致していても、チーム内でゴールがずれているケースはよくあることだ。

　そして、もう一つの PE が不足していると、チームの運営において中長期的に重大な問題を引き起こす。人は機械や部品ではなく、感情（気持ち）がある。感情が良い方向に働くとメンバーのモチベーションが高まり、より良い仕事をすることも少なくない。しかし、PE がない、もしくは不足していると、その気持ちが逆に作用し、モチベーションを下げ、良い仕事ができない。例えば、メンバーから「リーダーは、私のことを何も考えてくれていない。何も理解してくれていない」と思われていたならば、うまくいく仕事もうまくいかなくなる。チームをきちんと機能させるには、最終的には PM、PE の両方が必要なのは言うまでもない。

活用　PM、PE の得意なほうから伸ばそう

　マネジメント力は PM × PE の面積で表される。最終的には両方とも伸ばす必要があるが、最初は得意なほうから伸ばすことをお勧めする。一辺の長さが長くなると、もう一方が少し伸びるだけで面積が大きくなる。得意なほうを伸ばし続けると、どこかでもう一方のスキルが必要になるタイミングが来る。そうなったら、そちらのスキルを伸ばせばよい。

💡 第3章に出てきた主な用語・フレーム

- □ サーバント型リーダーシップ／指示命令型リーダーシップ
- □ 「品は位で功は禄で」
- □ WILL-CAN-MUST
- □ ハロー効果／ホーン効果
- □ クールヘッド／ウォームハート

✏️ MEMO

第 **4** 章

タイムマネジメント

16 仕事の進め方を見直す

どうせ仕事の進め方を見直すのであれば、劇的に（なんと5倍くらいに）仕事の生産性を向上させたい。それには80対20の法則（パレートの法則）を活用した仕事の進め方が有効だ

解説 80対20の法則を活用しよう

　ご存じの方も多いかもしれないが、80対20の法則について簡単に説明しよう。仕事の達成率と時間の消費率には、ある法則がある。つまり、ある仕事の80%までを達成するのにかかった時間は、最終的にかかった時間の20%にすぎないという法則である。例えば、ある仕事をするのに10時間かかったとする。実はその仕事の80%を達成するのにかかった時間は全体の20%、つまり2時間だったということだ。

　ここに仕事の生産性を大きく向上させるヒントがある。仕事の成果の80%は全体の労力の20%でできているので、もしもあなたが、仕事の成果を80%でよいと決める（20%の労力でこなす）ことができれば、残りの時間を別の仕事に活用できるのだ。今まで10時間かかっていた仕事が2時間で終わる。つまり、10時間÷2時間＝5となり、同程度の仕事を五つこなすことができる。

　例えば、メンバーが顧客向けの資料を作って、事前にあなたにチェックをもらうという仕事を想定してほしい。仕事の80%（時間は20%）まで終わった後の20%（時間は80%）で、どのような業務をしているのだろうか。実は、資料の字の級数（大きさ）を変えたり、飾り（太字や下線）を付けたり、色を付けたり、アニメーションを追加したり、背景の色を変えたりといった作業をしていないだろうか。その後のチェックで、そのキレイに加工された資料をあなたが見せられたとしても、そもそも資料の中身に関して修正や追加、極端な場合は全面ボツなどということも少なくないはずである。そうすると、せっかくメンバーが作った資料の加工

80対20の法則を活用して仕事を効率化する

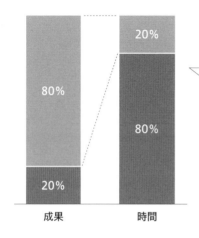

仕事の成果の80%は、20%の時間によって生み出されている
→成果を80%でよいと設定すれば、20%の時間でできる。つまり、生産性を5倍にできる

に費やした時間は、すべて無駄になってしまうのだ。

　それでは、どうすればよいのだろうか。それは、成果が80%（時間は20%）の段階であなたが確認すればよいのである。具体的には、資料を加工する前の段階で、資料の大筋の流れやコンテンツ（内容）に関して、あなたの承認をもらうようにルール化しておけばよいのだ。

　そして、おおよそ問題がないことを確認した上で、必要に応じて顧客がより理解しやすい形に加工する、という段取りにすればよい。本当に簡単な工夫である。ただ、この単純な変化を意識するだけで、メンバーの仕事の生産性は5倍に向上する可能性がある。

活用　リーダーは二つのことを実行しよう

　リーダーの立場でできることの一つ目は、メンバーが相談しやすいように、自分の予定をオープンにすること。これは、決めさえすれば簡単だ。もう一つは、リーダーが80%の状態の資料で判断ができる能力を持つということである。難しそうに感じるかもしれないが、やってみるとすぐに慣れる。こちらも実は簡単なのである。

17 スケジュールにはバッファーを設ける

> 仕事には複数の作業が含まれるが、それぞれの作業にバッファー（ゆとり）を設けると、仕事全体が遅れてしまう。そこで、個々の作業からバッファーをなくし、全体のバッファーとしてまとめて管理する

解説 プロジェクトバッファーと合流バッファー

あなたは「パーキンソンの法則」を知っているだろうか。役人の数は、仕事の量とは無関係に増え続けるというものである。具体的には、第1法則：仕事の量は、完成のために与えられた時間をすべて満たすまで膨張する。第2法則：支出の額は、収入の額に達するまで膨張する。つまり、与えられた時間もお金も全部使ってしまうということだ。

そう考えると、バッファー（ゆとり）の時間やお金を設定しても無駄な気がする。しかしダメなのは、バッファーを分散させることだ。例えばA→B→Cという三つの手順がある場合を想定する。このA→B→Cがクリティカルパス、すなわち、ここが遅れると全体のプロジェクトが遅れてしまう最も重要な経路とする。その際に、バッファーをA、B、Cのそれぞれで設定すると、上述のパーキンソンの法則に従い、すべてのステップでバッファーを消費してしまうのだ。

では、どうすればよいのだろうか。それは、A、B、Cそれぞれではバッファーをゼロにして、プロジェクト全体でバッファーを設定するとよい。そして、プロジェクトバッファーを3分割して信号機のように管理する。例えば、プロジェクトバッファーが3日間あるとする。バッファーが3分の2以上残っている状態、つまり残り2日以上の状態では信号機は青（安全）状態である。そして、3分の2を切って、3分の1以上残っている状態、つまり残り1日以上の状態では黄信号（注意）ということにし、その段階で対策を検討する。そして、3分の1を切る1日未満しかバッファーがなくなったら赤信号（危険）で、黄信号のときに検討

プロジェクトバッファーと合流バッファー

した対策を実行する。基本的には、これが正しいバッファーマネジメントである。

　バッファーを検討する際には、合流バッファーも見ておく。前述のA→B→Cという直列であればシンプルだが、例えば、横からD→Bというようにメインのフローに合流する業務が出てきた場合、DがBに合流するのが遅れると、プロジェクト全体を遅延させることになる。そこで、この合流する部分にも、少しくらい遅れても全体に影響を及ぼさないように合流バッファーを設定して、プロジェクトバッファーと同様に3分割し、マネジメントを行うのだ。そうすれば合流部分が全体の遅延を引き起こすリスクを回避できる。

活用　時間管理も予算管理も考え方は同じ

　本項では時間のバッファーについて説明したが、予算管理でも同じだ。予算を分割して、それぞれにバッファー（余裕予算）を設定するのではなく、組織全体でバッファーを設定する。そして売り上げの達成度合い、予算の消費状況に合わせて、余裕予算をどこに使うのかを全体最適の観点で決定すればよい。

18

重要度の軸で仕事の優先順位を決める

緊急度が低くても、重要度が高い仕事が大事なのだ。しかし、どうしても緊急度の軸に引っ張られて優先順位を決めてしまいがちである。勇気を持って重要度の軸だけで仕事の優先順位を決めよう

解説 優先すべきは「大きな石」

かつて日本のビジネス界で一大ブームになったスティーブン・コヴィー博士の「7つの習慣」をご存じだろうか。研修や書籍になっているので、知っている方も多いだろう。博士は「仕事を緊急度の高低と重要度の高低の2軸によって4分類しなさい。そして緊急度が低く重要度の高い仕事から優先的にスケジュール帳に書き入れなさい」と言った。

博士は、この緊急度が低く、重要度の高い仕事を「大きな石」と呼んでいる。これは、仕事を石に例え、石の大きさでその仕事の重要度を表しているのだ。そしてスケジュールをバケツに例え、「まずバケツを大きな石で埋めるのです」とアドバイスする。

一般的な感覚からすると「重要度が高い仕事の優先順位が高いのは分かるが、緊急度が高い仕事も優先順位が高いのではないか」と感じる。筆者も初めてこの考え方に触れたときにそう思った。つまり、「重要度も緊急度も高い仕事」こそ、博士の言う「大きな石」ではないかと。しかし、これは、次のような例え話で理解するとよい。「今後のグローバル化や中国の進展を考えると、英語や中国語を学んでおこうと思った人は少なくないはずである。それは、今気付いたというよりも数年前からそう感じていたのではないだろうか。しかし、語学を学ぼうという意識はあったとしても、現在の仕事で英語も中国語も直接必要ではない場合、実際に学び始めた人は多くはない。結果はどうだろうか。数年たった現在でも、英語も中国語もビジネスで使えるレベルになっていない。そして、この習慣を続ける限り、来年も再来年もそうなのである」。重要と認識し

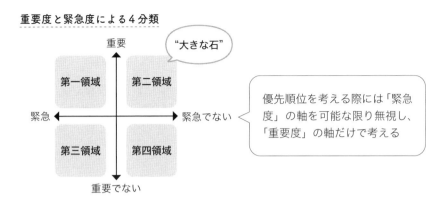

重要度と緊急度による4分類

"大きな石"

重要

第一領域　第二領域

緊急　緊急でない

第三領域　第四領域

重要でない

優先順位を考える際には「緊急度」の軸を可能な限り無視し、「重要度」の軸だけで考える

ていても、実際の緊急度が低ければ、人は行動に移さないのだ。耳が痛い話である。

では、どうすればよいのか。それは優先順位を考える際に「緊急度」の軸を可能な限り無視するのだ。つまり私たちは、常日頃、知らず知らずのうちに「緊急度」の軸で考えることが染み付いている。どうしても「緊急度」の軸に引っ張られてしまうのである。

周りを見渡してほしい。忙しそうにしていて生産性が低い人たちは、重要度ではなく、緊急度の軸だけで仕事の優先順位を決めている。そして、その人（あるいは、その組織）は、翌週も翌月も、極端な場合は翌年も仕事に追われたまま毎日を過ごしている。しかも忙しいことを、少し誇らしげに感じていたりするのである。

この強い"重力"に打ち勝つには、勇気を持って「重要度」の軸だけで考えることを実践してほしい。

活用　重要度が高い「大きな石」とは何か

ビジネス生活は長期戦である。そう考えると、重要なことが思い浮かぶ。健康はとても重要だ。また、家族や友人もとても大事である。さらに、成果を上げるためには定期的な情報のインプットも必須だろう。あなたの今週のスケジュールを確認してほしい。健康、家族、友人、そして情報のインプットに、どれくらい時間を使っているだろうか。

19

QCD に応じて仕事を進める

関連テーマ：24、27

> QCD（Quality：品質、Cost：費用、Delivery：納期）に応じて仕事を進めるのは当たり前である。しかし、日本では Over Quality（過剰品質）がはびこっている。この事実を強く意識する必要がある

解説 QCD の同時実現と過剰品質の問題

　すべての仕事は、目的を達成するためのプロジェクトと考えることができる。プロジェクトをスタートする際に最初に決めることが二つある。一つは到達目標（ゴール）である。何を実現するプロジェクトなのか、達成状況をどのように判定するかを決める。もう一つが、本項のテーマである QCD の優先順位である。プロジェクトオーナー（発注者）は、できれば Quality（品質）は高く、Cost（費用）は低く、Delivery（納期）は早くしたいと考えている。しかし、一般的には品質を高めると、費用は増加し、納期は遅くなる。費用を低く抑えるには、品質を下げ、納期を遅らせる必要がある。そして、納期を早くしたいのであれば、品質を下げ、費用を増加させなければ実現しない。これら QCD はトレードオフの関係になっている。したがって、この三者の優先順位を最初に決める必要がある。もちろん、何らかの方法で同時に実現できる方法があればよいのだが、そういうケースは稀である。QCD の同時実現を無理強いするプロジェクトオーナーや、それを無理を承知で甘んじて受諾するプロジェクトマネジャーが担当するプロジェクトは、早晩破綻する。このようなプロジェクトに携わると危険なので、速やかにプロジェクトから離脱することをお勧めする。必ず QCD の優先順位を明確にしよう。

　また、上記のような状況に輪をかけて、日本では過剰品質問題がプロジェクトを失敗に導くケースが多い。過剰品質の問題をさらに難しくするのは、品質の優劣を主観で判断してしまうケースである。本来、品質は、顧客が認知するもの（Perceived Quality）であるはずだ。ところが日

QCD はトレードオフの関係にある

本企業の場合、顧客不在で自己満足（Self-Quality）であるケースが少なくない。顧客が求めていない品質を高め、そこに費用をかけるわけだ。当然、売価には転嫁できない。

　例えば、不良品をゼロにするために多大な努力をすることは重要だ。そこにこだわる気持ちは分かるし、人の安全に関わる商品であればなおさらである。しかし、安価な商品であるにもかかわらず、不良品ゼロにこだわるのは自己満足かもしれない。海外の同業は不良品があることを前提に部品を多めに納品し、安価に販売している。顧客は安価な商品を選ぶケースも少なくない。

活用 SIP（Speed Is Power）を合言葉に

　中国の科挙（現代でいうキャリア官僚採用試験）のための受験参考書『文章軌範』には、「巧遅は拙速に如かず」という言葉が出てくる。拙速とは、拙くても速いことであり、巧遅とは巧くても遅いことをいう。「巧くて遅いことは、拙くて速いことには及ばない」という意味で、つまり、完璧でなくとも「仕事が速い」に越したことはないというわけだ。昨今さまざまな場面で取り上げられるアジャイル（Agile：素早い、俊敏な）な仕事の進め方も同様の考え方である。

部分最適ではなく全体最適を目指す

全体最適を目指すのであれば制約条件理論を学ぶのがお勧めだ。元ネタはトヨタ自動車など日本の製造業の仕事の進め方だ。それをエリヤフ・ゴールドラット教授が「ザ・ゴール」シリーズで書籍にしている

解説　一番弱いビジネスプロセスをみんなで守る

　組織は分割すると対立し出す。これは人間の性（生まれ持った性質）だ。例えば、ビジネスプロセス別に集客、営業、カスタマーサクセス（CS）、製造、納品と五つの部門があるとする。それぞれの部門は、組織全体への貢献と顧客満足に向けて、さまざまな施策を講じる。その結果、部門内のチームワークが高まる。その反作用として、他の部門よりも自部門のほうが良いという意識が高まる。そして、徐々に対立が生じてくる。例えば、集客は「見込み顧客」をできるだけ集めるのがミッションである。高い集客目標達成のために、実際には営業できないような顧客も集めるかもしれない。すると次のビジネスプロセスの営業は無駄足を踏むことになり、不満が高まる。営業も高い受注目標があると無理やり受注をし、次のビジネスプロセスのCSや製造にその負担が回ってくる。次のプロセスでも同じである。このように部門ごとに別々の目標を追いかけると、どうしても部分最適に陥ってしまうのだ。そして、ひどい場合には、他のビジネスプロセスとコミュニケーションを取らないサイロ化（サイロとは牧場で餌を保管する建物で、高い仕切り壁で他と遮断されているので、他部門と没交渉の状況を表す）をするのである。そうなると、さらに部分最適が加速して全体最適が損なわれ、全体と部分の分断が生じる。

　では、全体最適を目指すにはどうすればよいのだろうか。このようなときには「制約条件理論」が有効である。制約条件はボトルネックともいわれ、ビジネスプロセスなどで一番重要かつ弱い箇所を指す。重要で

ボトルネック（制約条件）に焦点を当てる

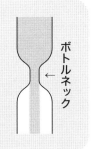

❶ ボトルネック（制約条件）を特定する

❷ ボトルネックを徹底的に支援する

❸ ボトルネック以外をボトルネックに従属させる

❹ ボトルネックの能力を向上させる

❺ 惰性に注意しながら新たなボトルネックを特定する

弱いとは、そこを強化すればスループット（全体の収益）が増える余地があるのに、そのやり方が分からない、あるいは分かったとしても、それを担う人材が不足している、もしくは育っていない（新人や異動者、未経験者しかいない、リーダーが弱いなど）といった状態を指す。ボトルネックのビジネスプロセスを明確にし、他のビジネスプロセスを担う人材も含めて支援・強化を行うという考え方が制約条件理論である。具体的には、みんなでボトルネックを強化する方法を対話しながら発見する。あるいは、それを実現できる人材をそこに異動させたり、そのビジネスプロセスの業務の一部を負担させたりする。また、本部組織は、そこに積極的に人材を調達し、教育・育成の機会を提供するなどが考えられる。つまり、全体最適を実現するには、弱いところを発見し、そこを全社で支援する風土・仕組みをつくることが重要となる。

活用 制約条件理論に基づく KPI マネジメント

　一般的な KPI（Key Performance Indicator：重要業績評価指標）というと単なる数値管理だと勘違いしているケースがある。筆者が『最高の結果を出す KPI マネジメント』（フォレスト出版）に書いたのは、それとは一線を画し、制約条件理論に基づいたもので、あなたが全体最適のマネジメントを実行する際の一助になるだろう。

💡 第4章に出てきた主な用語・フレーム

- ☐ 80対20の法則（パレートの法則）
- ☐ パーキンソンの法則
- ☐ プロジェクトバッファー／合流バッファー
- ☐「大きな石」
- ☐ QCD（Quality：品質／ Cost：費用／ Delivery：納期）
- ☐ SIP（Speed Is Power）
- ☐ 制約条件理論

📖 第4章に出てきた参考文献

スティーブン・R・コヴィー著、フランクリン・コヴィー・ジャパン訳『完訳 7つの習慣——人格主義の回復』キングベアー出版、2013年

中尾隆一郎著『最高の結果を出す KPI マネジメント』フォレスト出版、2018年

✏️ MEMO

第 **5** 章

チームビルディング

21

常に成果を上げ続ける
チームをつくる

関連テーマ：4、6、39

> 常に成果を上げ続けることは、マネジメントにとって最も重要。マネジメントとは、「管理」と訳されることが多いが、本当の意味は「困難な状況下でも望ましい状態をなんとか実現すること」である

解説 成功循環モデルを実践する

　マサチューセッツ工科大学元教授のダニエル・キム氏が提唱した「成功循環モデル」によると、最終的に「結果の質」を高めて成果を上げるには、その前に三つのステップがあるという。まず「関係の質」が高まり、その次に「思考の質」が高まり、続いて「行動の質」が高まる。そして、「行動の質」が高まると「結果の質」が高まるというわけだ。最初の「関係の質」が高まるとは、リーダーとメンバー、メンバー同士の関係性が良いということだ。率直に意見交換できる状態といえる。

　また、ハーバード大学教育学大学院のロバート・キーガン教授の研究によると、人は、会社で自分の無能をごまかすために実に4割の時間を費やしているという（『なぜ弱さを見せあえる組織が強いのか』〔英治出版〕）。例えば、「そのミッションは（本当は必要だったとしても）不要である」という説明のために、あるいは「それができないのは仕方がない」という言い訳をするために、4割の時間を使っているということだ。当然この時間は、成果や生産性向上には関係ない。

　そうした時間を、例えば「これ、私は不得意なので手伝ってください。その代わりに、私は得意なこれをやります」と自分の弱さを見せ、相互にサポートできるようにすればよいというのがキーガン教授の示唆だ。これができれば、4割の時間を生産性向上のために使える。

　このようにリーダーとメンバー、メンバー同士の「関係の質」を向上させることが、成果を上げる組織運営のスタートになる。そして、「関係の質」が向上し、「自分が思ったことを発言しても大丈夫だ」という関係

成功循環モデル

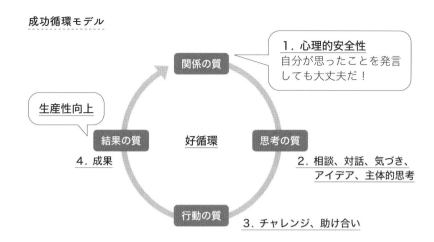

性ができると、「相談、対話、気づき、アイデア、主体的思考」が促されて「思考の質」が向上し、さらに「チャレンジ、助け合い」が生まれることで「行動の質」が向上する。そして、最終的に「結果の質」が向上し、成果が上がるという好循環が生まれる。

　それとは逆に「関係の質」がなく、かつ成果が上がっていない状況で無理やり「結果の質」だけを向上させようとすると、前提となる「関係の質」がさらに低下してしまう。具体的には、上司による「押し付け、責任転嫁、高圧的な指示」というマネジメントもどきで「関係の質」が低下し、それが「受け身、ひとごと、失敗回避」といった「思考の質」の低下を生み、さらに「消極的、最低限の仕事」という「行動の質」の低下を招き、最終的には成果が上がらないという悪循環を生むことになる。

活用　心理的安全性の高い組織の二つの共通点

　Google のプロジェクトアリストテレスという高業績チームの特徴を解明する研究でも「心理的安全性」の高さが重要だと指摘している。「心理的安全性」が高い組織は、「各チームメンバーがだいたい同じ分量の発言をする」「メンバー同士の共感力が高い」という二つの共通点がある。自チームはどうか、会議などでチェックしてみてほしい。

22

チームの関係性を良くする

関連テーマ：21、60、86、87

> チームの関係性を良くするとは、単に「仲良くなる」あるいは「プライベートも付き合う」ということではない。高い成果を上げるために、「助けてほしい」「そこはもっと頑張ってほしい」と率直なコミュニケーションを行える関係性になることである

解説 リーダーはファシリテーターになる

21 で、「常に成果を上げ続けるチームをつくる」には「心理的安全性」の高さが重要であり、「心理的安全性」が高い組織の共通点として「各チームメンバーがだいたい同じ分量の発言をする」「メンバー同士の共感力が高い」ことを紹介した。

この二つの特徴をチームで実現できれば、チームの関係性は格段に良くなる。これを実現する役割が「ファシリテーター：会議などの進行役」である。類似のものに「ティーチャー（教師）：答えがある内容を教える役割」や「コンサルタント：答えがない内容について答えをつくる役割」、そして「コーチ」などがある。「コーチ」と「ファシリテーター」は特に類似しているが、ビジネス上の「コーチ」は一般的に 1 人に対して行い、個人の心の中まで深く省みるように関与する。一方、「ファシリテーター」は一般的にチームに対して、チーム内の意見を活性化させ、そこから生まれる相互作用に期待して場をつくることを目的とする。また、「ファシリテーター」は、より中立な立場で関わる役割でもある。

例えば、会議の冒頭に全員で「24 時間以内にあった感謝（ありがたい話）」を 1 人 1 分程度で共有することを促す（チェックイン）。人数が多い場合は 3 〜 4 人のチームになって、その中で全員の内容をシェアする。そして、ファシリテーターは、誰かの話が終わったら拍手をし、大きくうなずき「承認」を示す。1 人たった 1 分だが、全員が同じ分量の時間で話すのが心地よいことを体感できる。また、テーマを「感謝」にして

ファシリテーターの役割

☑ 会議やチーム活動において、メンバーの発言を促したり、話の流れを整理したりすることによって、合意形成や相互理解を支援する
☑ 発言者が偏らないように配慮する
☑ 人の話を傾聴し、ほかのメンバーにもそうするように求める
☑ 意見の相違を歓迎する
☑ メンバーの発言を記録・整理・要約する
☑ 相手の中にある答えを一緒に探していく

資料出所：フラン・リース著、黒田由貴子、P・Y・インターナショナル訳『ファシリテーター型リーダーの時代』（プレジデント社）の内容を一部改変

いるのにも理由がある。「感謝」の反対語は「当たり前」である。チームで協働していることを「当たり前」と考えるのか、「ありがとう」と感謝するのかで関係性は異なってくる。そして、自分が「感謝」の話をした後に拍手やうなずきといった「承認」「共感」を得られることが、どれだけ心地よいか体感できる。たったこれだけのことだが、関係の質を高めるきっかけになる。

　そして、会議が始まった後も、ファシリテーターとして、特定の人だけが発言をしていないか目配りをする。発言をしていない人には、必ず意見を求めるようにする。その発言に対して、まずは大きくうなずき「承認」し、発言してくれたことに「感謝」を示す。これを繰り返すとチームの関係性が良くなる。

活用　ミーティングの終わりにも感謝の交換を

　会議終了時にも1人ずつ、会議への「感謝を交換」するのがお勧めだ（チェックアウト）。ピーク・エンドの法則（**60** 参照）によると「人は、快苦をそのピーク（最大値）とエンド（終わり）で記憶する」。終了時に「感謝を交換」すると、この会議は良い場だったと記憶に残るのだ。

23 チームの目的と目指す姿を共有する

> ミッション、ビジョン、最近だとパーパス（目的）をメンバーと共有することの重要性はさまざまに語られている。しかし本当に大事なのは、それらを共有することではない。共有することで、メンバーがワクワクし、前向きに仕事に取り組むようになることだ

解説 地味な繰り返し業務に熱狂する状態

　新しい会社や新規ビジネスを立ち上げるときには、誰でも夢中で、その状況に熱狂し、自分の力以上の能力を発揮できたりする。そういうときには、もしかすると目的や目指す姿の共有は必要ないのかもしれない。本当に必要になるのは、そのビジネスがうまくいき出して、組織が大きくなってきた後なのだ。さまざまなタイプの人材が入社し、仕組みやルールも整備されてくる。そして、業績を上げるために「地道な繰り返し業務」が始まる。こうした業務の標準化ステップを踏まないと、拡大再生産ができないので当然だ。リーダーが「チームの目的と目指す姿を共有する」必要が出てくるのは、まさにこんなときである。

　その際のポイントは三つある。一つ目は、会社や組織の目的を共有することだ。いかに社会的意義があり、顧客に喜んでもらえるのかをきちんと説明する。そもそも目的が弱いと求心力が働かない。二つ目は、会社が目的を実現する過程で、自分たちのチームがどのように重要な役割を担っているのかを説明する。ここがリーダーの腕の見せ所である（もちろん、リーダーの上司が説明する場合もある）。同じ事実を話しても、人によってさまざまな解釈が成り立つ。そのためリーダーは、メンバーがやる気を出すようなメッセージを伝えることが重要になる。そして三つ目は、上記のチームに対するメッセージと並行して検討してほしい内容である。それはチームの目的が、メンバーそれぞれにとってどのような意味を持つのかを伝えることだ。ある人は、社会的意義のある仕事に携わ

チームの目的と目指す姿を共有する際の注意点

Step 1　会社や組織の目的を共有する。ただし、そもそも目的が弱いと求心力が働かない

Step 2　目的を実現する過程で、自分たちのチームがどのように重要な役割を担っているのかを説明する。ここがリーダーの腕の見せ所

Step 3　Step2と並行して、チームの目的が、メンバーそれぞれにとって、どのような意味を持つのかを伝える

重要なのは、一人ひとりのメンバーが自分の仕事に興味を持って前向きになる状態をつくり出すこと。単に「チームの目的を共有する」ことではない

れることを粋に感じるかもしれない。ある人は、新しい仕事にチャレンジすることに興味を持つかもしれない。また、ある人は重要なプロジェクトで成果を上げて、多くの給料をもらったり、キャリアアップのきっかけにしたりすることを重視するかもしれない。一人ひとりのメンバーを頭に思い浮かべて、その性格や特性によって、チームの目的との接点を考える。そうすることで、メンバーそれぞれが自分の仕事に興味を持って前向きになる可能性が高まるはずである。重要なのは、単に「チームの目的を共有する」ことではない。リーダーの話を聞いて、メンバーがワクワクし、熱狂して仕事に取り組もうとすることだ。メッセージを発しても、メンバーが「良い話を聞いた」と言いながら、何も行動が変わっていなければ、その共有は失敗だったと思ったほうがよい。

活用　いつも「逆張り」を心掛ける

　リーダーはいつも「逆張り」、つまり、常に逆のことを考えておくことが重要だ。うまくいっているときは悪い兆しがないかを探す。うまくいっていないときは良い兆しを見つける。これら逆の兆しを見つけるために、常に未来にアンテナを張っておこう。

メンバーの目標を明確にする

関連テーマ：19、34、53、63

メンバーの目標を明確にすることは重要だ。ただし、その目的は、目標を達成できたか、未達成だったのかという評価を明確にすることだけではない。より重要なのは、目標（計画）と結果を比較し、今後の仕事がうまくいく可能性を高めることだ

解説 ハイパフォーマー（高業績者）は失敗から学ぶ

　メンバーの目標を明確にすることは重要である。明確になっているとは Q（Quality：品質）、C（Cost：コスト）、D（Delivery：納期）が決まっている状態をいう。どういった品質のものを、どれくらいのコストをかけて、いつまでにつくるのかということだ。D（納期）は分かりやすい。C（コスト）は支払う費用と関係者が費やす時間（工数）の合計で算出できる。例えば、月末までに 1000 万円の売り上げを達成するという目標であれば、Q、C、D は明確である。Q（品質）は 1000 万円に見合う水準、C（コスト）は月末までの関係者の作業時間、そして D（納期）は月末だ。目標が明確であれば、結果が出た後に振り返りができる。

　問題になるのは、月末までに 1000 万円の売り上げを達成し、Q（品質）と D（納期）に問題はなかったものの、周囲の人の支援、つまり、C（コスト）がかかりすぎた場合である。売り上げ目標を達成したのでよいではないかという考え方もある。しかし、ハイパフォーマー（高業績者）は、そうは考えない。常に目標と結果を基に「振り返る」。この振り返りのことを「リフレクション（内省）」と呼ぶ。

　振り返るポイントは二つ。一つ目は、うまくいった場合の振り返り。なぜうまくいったのか、次回も同様の目標だった場合に成功する確率を高めることを考える。つまり、成功の再現性を高めるポイントを把握するわけだ。今回のケースでいえば、売り上げ 1000 万円を月末までに達成できたのは、営業計画を立案し、そのとおりに行動できたからだ、など

2種類の振り返り

うまくいった場合	失敗した場合
成功の再現性を高めるポイントを把握することで、成功する確率を高める	再発防止のための「予防策」と「発生時対策」を考えることで、同じ失敗をしないようにする

ハイパフォーマーは失敗から学ぶ

振り返りの頻度を高めることで多くのことを学べる

と考える。二つ目は、失敗した場合の振り返りである。ハイパフォーマーは失敗から学ぶ。次回も同様の目標だった場合に、同様の失敗をしない方法を考える。具体的には、再発防止のための「予防策」と「発生時対策」だ。今回のケースで考えてみよう。目標は達成したが、サポートがなければ未達成になっていたかもしれない。なぜサポートが必要になったか。事前の営業計画が甘く、期中に提案資料を作成する時間が不足する事態が発生した。そこで上司や先輩に提案資料の作成を手伝ってもらい、なんとかプレゼンに間に合わせたものの、自分自身が資料を作成していないのでプレゼンも支援してもらう結果となった。すなわち、失敗の原因は営業計画の見積もりの甘さである。営業計画を見直すことで、同様の失敗をしない「予防」ができるというわけだ。

活用　ハイパフォーマーは振り返りの頻度が高い

　ハイパフォーマーは振り返りから多くのことを学んでいる。そして、その頻度が高い。毎月振り返れば年に12回、学びが蓄積できる。さらに毎週にすれば、1年で52回も学べる。最近、さまざまな分野で取り入れられているアジャイル（俊敏）も同様の考え方である。

25 メンバーの多様性を受け入れる

関連テーマ：65

> 「平時は同質性、乱時は多様性」を重視するとよい。しかし、現在は日常が乱時になっている。また、イノベーションを起こすにも多様性は必須だ。日本企業は多様性に不慣れなので、これを受け入れるだけで他のリーダーとの差異をアピールできる

解説 多様性を受け入れるのはリーダーの必須スキル

　筆者がリクルートワークス研究所の副所長を務めていた当時、研究員がイノベーションは何に相関するのかを調査したことがあった。その結果は、D&I（Diversity & Inclusion）と専門性だった。D&I は多様性と包括性。すなわち、国籍、性別、年齢など各人の多様性を尊重し、その人らしく能力発揮できる環境を構築していくことで、個人と組織の双方の成長につなげていくということだ。つまり、多様性だけでは不足しているのである。日本では中高年の男性が会社の中核にいることが多い。帝国データバンクによれば、日本における 2021 年の社長の平均年齢は 60.3 歳である。70 代の高齢者が経営しているケースも少なくない。多様性とは、そこで女性や若手や外国人も一緒に働き、重要な役割を担うようなケースである。世界の水準には程遠いものの、日本企業もようやく多様性への理解は少しずつ進んできている。しかし、まだまだ包括性＝インクルージョンが伴っていない。つまり、その人がその人らしくいられない。表向きは多様性を受け入れながら、女性や若手や外国人に日本人のベテラン男性と同じ振る舞い・働きぶりを求める。当たり前だが、その人がその人らしくいられない所で能力など発揮できるわけがない。

　ちなみに、日本だとあまり実感がないかもしれないが、経済産業省のレポートによれば、性や国籍の多様性が高い会社のほうが平均的に業績が良いと報告されている。これはレポートを読むまでもなく、多様な顧客に商品を売りたいのであれば、当然、多様な従業員がいたほうがどう

ダイバーシティ＆インクルージョン

ダイバーシティ	インクルージョン
＝	＝
多様な人が集まっている状態	多様な人が集まり、それぞれの人がその人らしく振る舞える状態

いう商品が望まれるのかがよく分かるからだろう。そうした多様な意見を経営やマネジメントに取り入れない理由はない。

　依然として日本企業は男性偏重の会社が多い。そう考えると、大企業がダイバーシティを重視しながらもインクルージョンが伴っていない状況の中、自社がインクルージョンを進めるのだという判断・決断ができれば、多様で優秀な人材が採用できる可能性も高まるというわけだ。

　筆者が29年間在籍していたリクルートは、D&Iに関しては先見性があった。高学歴の男性もたくさんいたが、高学歴の女性、高卒の男性・女性、高専卒、そして外国籍の従業員もたくさんいた。また、契約社員やアルバイトもおり、そうした中で若手にも重要な仕事を任せていた。何よりも、自分らしくいられる環境をつくっていた。そして、自分らしく意見を主張するように従業員にも求めていた。最近では、そうした会社がようやく増えつつある。

活用　結果ではなく推薦段階でのダイバーシティを

　女性管理職を増やそうという提案に否定的な会社は少なくない。その場合、ぜひ実行してほしいのが、推薦段階でのダイバーシティを担保することだ。例えば、管理職候補者のうち5割以上は女性を推薦するように決める。まずは、結果でなくプロセスから始めてみるのだ。

💡 第5章に出てきた主な用語・フレーム

☐ 成功循環モデル
☐ 心理的安全性
☐ ファシリテーター
☐ リフレクション (内省)
☐ D&I (Diversity & Inclusion)

📕 第5章に出てきた参考文献

ロバート・キーガン、リサ・ラスコウ・レイヒー著、中土井僚監訳、池村千秋訳『なぜ弱さを見せあえる組織が強いのか──すべての人が自己変革に取り組む「発達指向型組織」をつくる』英治出版、2017 年

フラン・リース著、黒田由貴子、Ｐ・Ｙ・インターナショナル訳『ファシリテーター型リーダーの時代』プレジデント社、2002 年

✏️ MEMO

第 **6** 章

人材育成

チームを強くするための
メンバー育成

関連テーマ：7、50

人材育成できる会社・組織は、採用時の選考基準を下げることができる。入社後に採用した人材を必要なレベルまで育成できるからだ。また、人は育成により成長し、仕事に貢献できると、その組織に定着する。リテンションにも効くので、育成は投資対効果が高い

解説 人材育成は投資対効果が高い

　多くの会社が中途採用時に即戦力を求める。即戦力を採用して、文字どおりすぐに戦力になってもらいたいからだ。気持ちは分かる。しかしそのような人材は、どこの会社でも必要なので、採用難易度は上がり、採用しづらく、必然的に報酬は高くなりがちである。そうすると、せっかく採用した人材には、さらにすぐに活躍してほしくなる。ところが、日本では即戦力は極めて少ない。というのは、日本企業では、例えば同じ営業職でも、会社によって営業の進め方、その範囲が異なるからだ。欧米などでは職種別労働組合などにより、企業、業界横断で仕事の仕方が標準化されており、転職しても即戦力として働ける可能性が高い。翻って、日本にはそのような仕組みがない。それどころか同じ職種名だったとしても、会社ごとに仕事の進め方、範囲、利用する業務システムなどが全く違う。そして、中途採用で即戦力を求める会社は、会社ごとに仕事の仕方が異なることを認識していない。しかも、人材育成に時間も手間もかけず、工夫もしない。その結果、即戦力だと想定した人材が早期には成果を上げられない。すると「即戦力だと思ったのに、当てが外れた」と、間違った人を採用したというレッテルを早々に貼り出す。

　上述のように、そもそも日本では即戦力などいない。だからこそ、人材育成の仕組みをつくることが必要不可欠なのである。しかも、中途採用者を早く戦力化する育成の仕組みをつくることができれば、さまざまなメリットがある。一つは、入社後に育成できるのであれば、採用時に

人材育成の仕組みをつくる

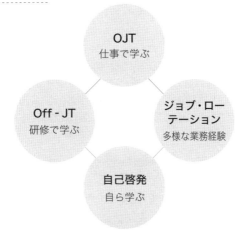

資料出所：『労政時報』（労務行政）に掲載された企業事例より

育成可能なスキルに関しては基準を下げることができる。その結果、他社が即戦力を求めて競争する中で採用難易度は下がり、提示する報酬も自社の基準にすることができる。加えて、育成の仕組みがあれば離職率も下がる。優秀な人材が離職する理由は、報酬が低いという条件面の不一致を除けば、成長実感がない、貢献感を持てないというものが多い。会社にいて成長できないようでは困るし、自分が貢献できていないのでは会社への満足度も下がる。そして、大事なのは「感」なのだ。成長を「感」じる、貢献を「感」じるということだ。育成は、メンバーに成長を感じてもらいやすい仕組みなのである。そして、育成が成長実感をもたらせば、離職率の低減も期待できる。

活用　育成できないことは採用選考でチェック

　自社の採用職種に求められるスキルの中で、自社では育成できないものを明確化しておくことが重要だ。そして、そのスキルに関しては、採用選考時に確認する。それらのスキルを面接などでどのようにして見極めるかを決めて、関係者で擦り合わせておくことが重要である。

27 メンバーの育成計画を立てる

関連テーマ：19

育成計画は、「どのようなポジション」の人材を、「いつまで」に、「何人」育成しないといけないかを明確にすることから始まる。そのためには「未来の組織図」を作成するのがポイント。生産性を高めるためには、育成や採用の期間を短縮することを目指すのも重要

解説 未来の組織図をつくろう

　どこの会社でも、来年度の新卒採用や期中の中途採用など、「採用計画」は準備しているだろう。また、それとは別に人材の「育成計画」を作成している会社も多いと思う。しかし、ここに問題が潜んでいる。ほとんどの企業が、採用計画と育成計画とを別々に作成している。特に大企業にもなると、人事部門の中で採用部門と育成部門が分かれていることも多く、それぞれが「部分最適」の計画を立てる。採用計画と育成計画が連動していないと何が起きるのか。例えば、管理職が必要なのに育成されていない。慌てて採用しようとするが、当然すぐに見つからない。仕方がないので、付け焼き刃の昇格人事を行う。その結果、組織が健全に回らなくなる。これに類する課題を抱えている企業は驚くほどたくさんある。こうした悲劇を避けるには、どうしたらよいのだろうか。

　実は、良い組織をつくる際のボトルネック（制約条件）になるのは、中間管理職の数とスキルであることが多い。そこで「未来の組織図」の出番である。あなたの会社にも組織図があるだろう。「未来の組織図」とは、その名のとおり、その組織図の未来版のこと。6カ月後、1年後、1年6カ月後、2年後など、近未来にこうなるという組織の姿を示したものだ。現在の組織図と未来（例えば1年6カ月後）の組織図を比べれば、どの部署で何人の増員が必要か、特に中間管理職や専門職を何人増員する必要があるのかが分かる。それに沿った採用活動と管理職育成計画を実践することで、混乱を招くことなく組織を成長させることができる。

未来の組織図で人員の過不足をあぶり出す

例）現在の売り上げに対する中間管理職数と同じ割合で
　　中間管理職が必要な場合の計算式

　筆者が未来の組織図の話をすると、「いつまでの組織図をつくればよい
のでしょうか」という質問をよく受ける。理論上は、いくらでも遠い未
来までつくれる。しかし、先になればなるほど精度もリアリティも下が
る。では、逆に、最低限いつまでの組織図はつくっておく必要があるの
だろうか。この答えは、あなたの会社の採用や育成にかかる期間によっ
て決まる。例えば、ある組織で管理職が1人必要になったとしよう。こ
の組織では採用に平均6カ月、育成に6カ月かかるとすると、今から採
用活動をしたとしても実際に管理職が1人増えるのは1年後である。と
いうことは、この組織には、少なくとも1年後の未来の組織図が必要に
なるわけだ。

活用 SIP（Speed Is Power）

　仕事の生産性を高めるための用語でSIP（エスアイピー：Speed Is Power）
という言葉がある。「速さは力」という意味だ。採用期間と育成期間を短
くすることができれば、必要な未来の組織図をつくる期間が短縮できる。
これに限らず、あらゆる業務の中で常にSIPできないか検討しよう。

メンバーのモチベーションを理解する

関連テーマ：9、13、31

> モチベーションとは「動機」「意欲」「やる気」の集合体といえる。
> それぞれのメンバーのモチベーションリソース（やる気のもと）を見
> つけられれば、それに基づいた仕事を提供できる。それができたと
> きに、その人は最大の能力を発揮する

解説 人はやりたいことをやるときに能力を発揮する

　筆者が在籍していたリクルートは「あなたは何をしたいのか」ということを、さまざまな場面でメンバーに聞く会社だった。海外メンバーが増加した際は英訳して「Why are you here ?」と聞いていた。「あなたはなぜここにいるのか？　何かやりたいことがあるはずなので、それを教えてほしい」ということだ。これらのベースにあるのは、人はやりたいことをしているときに、その人の最大の能力を発揮するという考え方だ。特に、「やりたいけれど、現在の能力ではそれを実現できない」場合、その実現のために必要な能力を習得しようとするはずである。しかも、やりたいことなので、楽しく前向きに能力を習得できる可能性が高い。だからこそ、やりたいことを明確にすることをとても大事に考えている。

　一般的に会社では、会社がメンバーにやってほしいこと（MUST）と、その人ができること（CAN）で仕事や業務をマッチングして、仕事を割り振りがちである。そこに、その人がやりたいこと（WILL）も考慮して仕事の割り振りをするとよい。

　そのためには、その人のやりたいことを把握する必要がある。本人にストレートに「やりたいこと」を聞いてもよいだろう。それで教えてくれれば問題ないが、筆者はその人の Goal を確認することをお勧めしている。これは、筆者が主宰している中尾塾をはじめ、グループコーチングで実施している方法である。そこでは次の四つの Goal を確認する。①人

「やりたいこと」が成長ドライバーになる

「やりたいこと」をやってもらうのが、やる気が出る前提	「できること」をやってもらう。ただし、次第に飽きてくる	「できること」と「やりたいこと」が重なっていて、満足度は高いが、成長はしにくい	「やってほしいこと」と「やりたいこと」が重なっていて、しかも現在の「できる」ではスキルが少々足りず、能力開発する状態

生をかけて実現したい Goal、②今年の Goal、③今月の Goal、④その他である。②③は会社がメンバーに与えたミッションであり、前述のMUST に当たる。④のその他は、例えば健康のために運動を継続する、ダイエットをする、あるいは家族のために時間を取るなどだ。健康で幸せな人生を過ごし続けるための目標を書いている人が多い。①は人生をかけて実現したいことなので、なかなか大きなテーマである。これは会社に関係があってもなくても問題ない。その人の人生の Goal なので正解はない。すぐに書ける人はよいが、筆者も 30 代半ばまで書けなかった。書けない場合は、仮置きするのも一つの方法である。なかなか決まらないのであれば、リーダーのほうから、②を本気でやり切れるように能力開発してみないかと勧めてもよいだろう。

活用　WILL‐CAN‐MUST の確認

　9、13 でも触れたが、筆者のいたリクルートでは、メンバーの WILL、CAN、MUST を確認していた。WILL は 3 年後に実現したいこと。CAN は 360 度サーベイなどで把握した得意な項目。これらを参考にしながら、上司とメンバーで来期の MUST を確認する仕組みになっていた。

29 メンバーの自律を促す

関連テーマ：31、43、53、54、63

> 心理学者のカール・ロジャーズによれば、人は自分でやることを決めるときに幸せを感じるという。つまり、自律自転する（自分でやることを決めて成果を上げる）人材になれば、幸せになる可能性が高い。そして、そのような人材が集まると幸せな組織になる

解説 自律自転する人材を増やす

　筆者が経営している中尾マネジメント研究所は、自律自転する人・組織を増やすことをミッションにしている。自律自転とは、自ら考え、自ら判断・行動・振り返りをすることである。筆者がリクルート時代に担当していた組織は、総じて顧客満足度と従業員満足度が高く、離職率が低かったが、その理由を調査したところ、自律自転している人材が多いことが分かった。われわれは1日の3分の1程度の時間を仕事に費やしているが、その時間が楽しく、幸せであるほうが良いだろう。そして、人は自分でやることを決める、自律自転しているときに幸せを感じるのだ。そのような機会を増やせば、人は幸せになる。

　具体的には、例えばメンバーへの権限委譲が考えられるが、権限委譲するのは簡単ではないという声もよく聞く。その際には「30MR」をお勧めする。30MRとは30Minutes Reviewの略で、担当者（メンバー）が担当業務をどうやって進めようとしているのか、その段取りを30Minutes（30分）でReview（評価）するということだ。これにより担当者のスキルの過不足が分かる。手順は次の三つのステップから成る。

❶上司（リーダー）は、30分程度で担当者（メンバー）にミッション（担当業務の果たすべき任務）の内容について説明する

❷担当者は、上司から説明を受けた後、30分程度でその進め方（段取り）を考える

❸その後、担当者は自分の考えた段取りを上司に説明し、30分で合意を

30MR 実践の三つのステップ

> **30MR**：メンバーがミッションをどの程度できるか確認するツール
>
> ❶ 上司は、30 分程度でミッションの内容について説明する
>
> ❷ ❶の後、担当者は 30 分程度でその進め方 (段取り) を考える
>
> ❸ 担当者は、考えた段取りを上司に説明し、30 分で合意を得る
>
> ※万が一、合意が得られない場合は、合意が得られるまで❷❸を繰り返す

⇒ミッションがうまく進まない原因は段取りにある。つまり、事前準備のプロセス設計の段階で失敗している。ということは、ミッションを伝えた直後にプロセス設計を確認しておけば、成功確率を上げることができる

得る。合意が得られない場合は、合意が得られるまで❷❸を繰り返す。

上司は 30 分でミッションを説明し、担当者は 30 分で進め方を考えて、その後 2 人で 30 分かけて段取りを確認するということだ。

最終的にそのミッションがうまくいかない場合の原因の大半は、段取り、つまり後述の Pre（事前準備）のプロセス設計の段階で失敗している。ミッションを伝えた直後にプロセス設計を確認しておくことで、失敗を予防することができる。もともと、この方法は、ある戦略系コンサルティング会社の社長が実践していたもので、かなり汎用性が高いので筆者も活用している。

ちなみに、担当者（メンバー）が新人など経験が浅い場合は、30 分でミッションを説明し、翌日に 30 分のミーティングを設定するなど、❸のステップまでの時間を調整するとよい。

活用 段取り 8 分、仕事 2 分

30MR は、上司が担当者の段取りを確認する手法だ。これはコンサルティング会社の専売特許ではない。「段取り 8 分、仕事 2 分」という格言があるように、仕事の成否の鍵は段取りが 8 割を握っている。筆者の提唱する G-POP®（**53** 参照）では、Pre（事前準備）と呼んでいる。

人材開発会議を行う

> どこの会社も評価会議をしていると思う。それとは別に、人材開発
> 会議を実施することをお勧めする。そこでは一人ひとりのメンバー
> の今後のキャリアについて検討する。時間の長短があったとして
> も、全メンバーのキャリアについて定期的に考える機会を持つこと
> が重要である

解説 個人と組織の成長に不可欠な人材開発会議

　筆者がいたリクルートでは、年に2回の評価会議、年に2回の人材開発会議を実施していた。リクルートは4〜9月が上期、10月〜翌年3月が下期だった。期初の4月と10月が評価会議。そして、人材開発会議は評価会議の3カ月後に実施していた。時期をずらしていたのは、人材開発会議で決まったことを次回の人事異動に反映するためである。

　評価会議や査定会議は、どこの会社でも実施しているだろうが、この人材開発会議を実施している会社は限られている。人材開発会議は、個人と組織の成長にとって、とても有効なので実施をお勧めする。

　人材開発会議は、すべてのメンバーについて今後のキャリアを検討する会議である。まずは部長と課長が集まって配下のメンバーについて人材開発会議を実施する。そして、執行役員と部長が集まって同様に実施する。さらに取締役と執行役員で実施し、最後は最高経営責任者（CEO）と取締役で人材開発会議を実施する。つまり、人材開発会議は、階層構造で行う。

　人材開発会議では、それぞれのメンバーの人材開発テーマを議論し、設定する。例えば、部長と課長の人材開発会議では、一人ひとりのメンバーに今後どのようなミッションを提示すればよいのかを議論する。特に将来（1〜3年後）に管理職やグループ全体の幹部になる可能性があるメンバーについては、難易度の高いどのようなミッションを提供すると

人材開発会議は階層別に行う

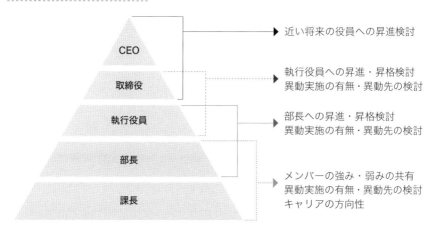

よいかを議論し、共有する。そして、３カ月後の人事異動の原案を決めていく。当然のことだが、同じ仕事を長く続けていると成長は期待できない。重要なミッションを付与するか、異動してより難易度の高いポジションに就かせるかが重要となる。同様に、同じ等級・グレードに長い期間滞留しているメンバーや人事評価の低いメンバーについても、どのようなミッションを提示するとよいのかを確認する。そして、現幹部や管理職のメンバーと将来管理職や幹部になる可能性があるメンバーについては、上部階層の人材開発会議で対話し、ミッションを確認する。これらのすべての人材開発会議に人事部門が同席し、ファシリテーションを行うとともに、情報を集約し、他部門のノウハウを横展開することでナレッジマネジメントを推進していく役割を担う。

活用　年に２回はメンバーのキャリアを考える

　通常、評価会議では、該当期間のミッションの達成度合いについてのみ議論する。一方、人材開発会議では、将来を見据えてミッションを議論していく。この会議によって人材育成の意識と機運が高まり、メンバーは成長のきっかけをつかむことができる。

💡 第6章に出てきた主な用語・フレーム

- ☐ 未来の組織図
- ☐ SIP (Speed Is Power)
- ☐ 四つの Goal
- ☐ WILL-CAN-MUST
- ☐ 自律自転
- ☐ 30MR (30Minutes Review)
- ☐ 人材開発会議

✎ **MEMO**

第 **7** 章

モチベーション

31 メンバーの主体性を引き出す「伝え方」

関連テーマ：9、13、28、29

> 心理学者のカール・ロジャーズによれば、人は自分でやることを決めるときに幸せを感じるという。メンバーの主体性を高めるには、これを思い出してほしい。リーダーは、メンバーが自分でやることを決めたと思えるように、コミュニケーションする必要がある

解説 WILL（意思、やりたいこと）との接点

　筆者が29年間在籍していたリクルートには、WILL-CAN-MUSTというフレームがある。WILLはその人の意思ややりたいこと。CANはその人ができること。MUSTは会社がその人にやってほしいこと（本人からすれば、やるべきこと）だ。メンバーの主体性を引き出す「伝え方」が最も必要になる場面は、メンバーにMUSTを伝えるときである。同じ仕事をするのであれば、会社から言われたからやっているという受け身ではなく、自分がやりたいという主体性を持って取り組んでほしいものである。そして、自分がやりたいと思う仕事のほうが成果が上がる可能性も高まる。

　ポイントは二つ。一つ目はMUST（やるべきこと）とCAN（できること）との接点を見つけることだ。本人が得意なこと、過去に成果を上げたことであれば、成果が上がる可能性が高まる。人は成果が上がる可能性が高い仕事には、前向きに主体性を持って取り組むものだ。ただし、そういう仕事は、本人にとって現在できることの延長線上にある仕事である。このようなCANの仕事だけをしているとメンバーは成長する必要がないので、徐々に飽きてくる。そのような場合に必要なのが、二つ目のMUSTとWILL（やりたいこと）との接点を見つけることである。本人のWILLに関連する仕事であれば、本人はさらにやりたいと思うものだ。そして、それは現在の能力だけではクリアできない仕事である可能性が高い。しかし、本人はやりたいわけだから、やれるようになるために主

MUST と CAN や WILL との接点を見つける

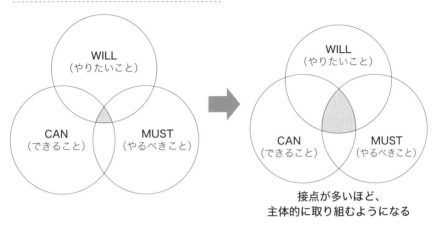

接点が多いほど、
主体的に取り組むようになる

体的に能力開発を始める。すると、やりたいことができるようになって
くる。自分にとっては少し難しいものの、やりたい仕事ができるように
なったという成功体験を持てると、さらに仕事に主体的に取り組むよう
になる。成功が継続すると、自分はできるのだという自己肯定感を育み、
さらに良い循環を生み出すことができる。

　このようにメンバーに主体性を持ってもらい、良い循環をつくるため
の前提は、メンバーの WILL を把握することだ。会社の仕組みとして
WILL を把握するようになっている場合は、それを確認しよう。そのよ
うな仕組みがない場合には、メンバーとの定期的な面談などを活用しな
がら把握する。メンバーの WILL を把握することを意識して行動すれば、
比較的簡単に把握できるようになる。

活用　伝わるまで伝える

　WILL と MUST を関連づけて説明する際に重要なのは「伝わるまで伝
える」ということだ。よく「伝えたから伝わったはず」と思い込んでし
まっているケースがある。「伝えた」としても「伝わって」いなければ、
「伝えていない」のと同じだ。伝わるまで伝える。それが重要だ。

32 困難な仕事や修羅場体験を与えて成長させる

関連テーマ：10、73

人は、コンフォートゾーン（居心地の良い場）から出て、ラーニングゾーン（成果を上げるために学びが必要な場）に行くことで成長する。しかしパニックゾーン（パニックを起こす場）まで行くと、キャパオーバーで心身に支障を来すことがある。そのさじ加減が重要だ

解説 成長した瞬間を振り返る

リクルートで働いていたころ、バブル経済崩壊のあおりでグループ会社の再編があった。筆者は横浜支社で営業マネジャーとして勤務していたが、神奈川県にあったグループ子会社数社と横浜支社を再編して横浜リクルートという会社ができた。同じ営業マネジャーでも、出身組織によって主要な取り扱い商品、仕事の進め方、メンバーの育成や目標管理の仕方などが全く違った。マネジャーが一枚岩にならないと組織がうまく機能しないことから、上司が音頭を取ってマネジャー合宿を行った。

十数名の参加者全員が自己紹介を兼ねて、「（仕事で）自分が最も成長した瞬間」について共有を行った。一人ひとりにドラマがあり、本人の人となりがよく理解できた。そのときに驚いたことがあった。この「成長した瞬間」のエピソードには、全員に共通ポイントがあったのだ。それは、①自分の能力ではできないと考えていたミッションを与えられた、②上司は放置していて自分でやらないといけない状況に追い込まれた、③周囲の協力もあり、なんとかしてミッションを達成した——というものだ。さらに、そのときは分からなかったのだが、④実は、上司は見守ってくれていたというところまで共通だった。放置されていると思っていたが、実は上司は関係者に根回しをして、周囲の協力を得られるようにお膳立てをしてくれていたわけだ。

つまり、困難なミッションを与えることで部下をコンフォートゾーン（居心地の良い場）からラーニングゾーン（成果を上げるために学びが必要な場）

修羅場体験によって成長を促す。ただし、急激な変化は危険

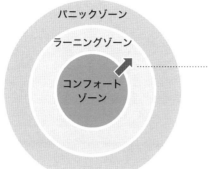

パニックゾーン

ラーニングゾーン

コンフォート
ゾーン

コンフォートゾーンにとど
まっていては、メンバーの成
長は見込めない。コンフォー
トゾーンからラーニングゾー
ンへ移動させるミッション設
定が必要

に移動させたのだ。しかし、パニックゾーン（パニックを起こす場）まで行
くとキャパオーバーで心身に支障を来してしまうので、それを避けるた
めに見守り、必要に応じて支援が得られるように側面からサポートして
くれていた。

　その後の筆者のビジネス人生でも上司は支援してくれていた。筆者は
経験もない、人間関係もない部署に異動する機会が多かった。リクルー
トでの29年間のうち、大きなものだけで13回異動している。住宅関係
の知識がないのに住宅事業の責任者を監査し、その後住宅関連の新規事
業を担当する。ITの発注しか経験がないのに、IT子会社の経営をする。
両方ともかなりの修羅場体験である。しかし、それを上司が遠くから見
守ってくれていた認識がある。おかげでなんとか成長できた。当時の上
司に感謝である。

活用 地方や小組織で働く経験も活きる

　一般的に大組織は、営業、生産、開発といった機能ごとに編成された
組織になっているケースが多く、事業の全体像をつかむのが難しい。一
方、地方や小組織では、ビジネス全体が把握しやすい。全体を把握した
経験が仕事の幅を広げ、その後の職業人生にも活かせることが多い。

33 失敗を振り返り、そこから学ぶ

関連テーマ：24、34、51、53、63

> 仕事で成功するには原理原則を押さえておく必要がある。もちろん、原理原則を押さえても失敗することはある。しかし、原理原則を押さえないと必ず失敗する。失敗は原理原則を外した結果、必然なのである。そして、失敗から学ぶことこそ重要である

解説 振り返りを行い、そこから学ぶ

　筆者がかつて担当した組織の中に「振り返り」をしない組織があった。前年の振り返りはわずかに二つだけ。詳細を調べると、多くの施策を実施しているのに、なぜか振り返らなかった。その理由の一つは多忙で振り返る時間がないこと。もう一つは失敗施策を振り返ると「犯人探し」になるということだった。これはもったいない。仕事はあるレベルまでは確率論である。成功したら次もうまくいくように、そのポイントを振り返る。失敗した場合は、次は失敗しないように再発防止策を検討して、次に類似のことを行う場合の成功確率を高める。つまり、成功の場合も失敗の場合も必ず「振り返る」ことが重要なのだ。

　仕事で成功するには原理原則を押さえておく必要がある。もちろん、原理原則を押さえても必ずしも成功するわけではない。しかし、原理原則を外すと必ず失敗する。つまり、成功には偶然があるが、失敗は必然なのだ。だからこそ失敗からは多くの学びが得られる。失敗を振り返らない組織は学びの機会を逃している。それはあまりにもったいない。

　失敗を振り返る場合には、個人のせいにしないのがポイントである。一般的に振り返りが下手な組織は、失敗の原因を個人に求めがちだ。失敗した当事者が「次回は注意します」など反省の弁を述べるだけで、“なんちゃって振り返り”は終了する。そして、しばらくは失敗しないのだが、担当者が変われば、また類似の失敗が発生する。では、どうすればよいのか。それは失敗の原因と予防策を「仕組み」あるいは「システム」

10の失敗原因

個人に起因する原因	❶無知 ❷不注意 ❸手順の不遵守 ❹誤判断 ❺調査・検討の不足
個人・組織のいずれの責任にもできない原因	❻制約条件の変化
組織に起因する原因	❼企画不良 ❽価値観不良 ❾組織運営不良
誰の責任でもない原因	❿未知

失敗の原因は、右のように10に分類できる。個人に起因するものが五つあるが、そのような人をそのミッションにアサインする組織運営に問題があると考えると、解決の糸口が見つけやすい

資料出所：畑村洋太郎著『だから失敗は起こる』（日本放送出版協会）の内容を一部改変

の観点から考え、組織的に対応することだ。例えば、使えるマニュアルを整備せずに、いつも不注意な人を複雑な仕事に配置するから失敗するのだとしたら、そうした配置の「仕組み」に問題がある。

　そして、再発防止策を考えるには、関係者が集まり、時間を巻き戻して、時系列で事象を整理することから始める。その際には想像や解釈でなく、できる限り事実を集めることに注力することが重要だ。時系列で整理すると失敗につながった分岐点を発見でき、再発防止策が見つかりやすい。

　前述の振り返りが二つだけの組織は、その後、振り返りを必ず行う組織に変わった。振り返りの効果もあって、仕事の成功確率が高まり、失敗確率が激減し、１人当たりの売り上げで見た生産性は５倍という驚異的な伸びを実現できたのだった。

活用　失敗前の兆しを報告できる組織風土をつくる

　現場のメンバーは、失敗する前の「悪い兆し」を把握しているケースが多い。その「悪い兆し」をリーダーに報告する仕組みを整備する。「悪い兆し」を感じたら報告してほしい、とメンバーに伝えることから始めよう。「兆し」の段階であれば、まだ打開できる打ち手が多いからだ。

34 振り返りから学ぶロングミーティング

関連テーマ：24、33、53、63

組織内で「成功事例」を共有して、そこから学んでいる組織がある。これだけでも十分効果があるのだが、「失敗も含めたすべての主要テーマ」を振り返ると、さらに学びが大きくなる。筆者たちはロングミーティングと呼んでいた

解説 半年に１回、１日かけて組織全体で振り返る

　筆者がかつて在籍したリクルートは、メンバーにさまざまなタイミングで振り返りを求める組織だった。半年に一度は自分に与えられたミッションについて振り返りを行う。また、成功事例（ベストプラクティス）を集めて組織全体で振り返りを行い、そこから学びを得ることをしている。さらに、組織を超えて全社でこれらのベストプラクティスを共有し、事例を他組織に転移させる取り組みも積極的に実施していた。全社での事例共有会では、ポスターや映像まで準備し、その栄誉をたたえるとともに事例が転移されるように、あの手この手を使って実施していた。

　筆者の組織はそれに加えて、半年に１回、すべての主要ミッションを振り返るロングミーティング（以下、LM）を実施していた。個人単位で振り返るのではなく、ミッション単位で振り返る。さらに成功事例だけではなく、失敗事例、継続中の事例も振り返るようにしていた。

　LM は、事前に担当ミッションの❶ Goal（目的）、❷達成基準、❸計画とプロセスの工夫、❹定量成果と定性成果、❺残課題、❻他メンバーへの共有ポイントを準備することから始まる。これらを事前に全メンバーに提示し、LM 当日までに説明者とメンバー間で質疑応答を行っておくことで簡単な疑問は解消しておく。こうした事前準備によって当日の対話をさらに意味のあるものにできる。そして、LM 当日は７分のプレゼンと３分の質疑応答という形式で主要ミッションの数だけ実施する。

　この LM を行うことで、プレゼンを実施するメンバーは「振り返り」

ロングミーティングのフォーマット

タイトルの後ろに：ステータス（終了／継続）のどちらかを明記してください

タイトル：○○○○○○／（終了／継続）		
リーダー：○○○○　　関係者：○○○○　　フォーマット記載者：○○○○		

	❶実施の目的はどのようなものだったのか	❷当初の計画・達成基準はどのようなものだったのか
目的	・	・
	❸プロセスの工夫はどのようなものだったのか（例：どのようなメンバー、会議体、進捗管理で進めたのか）	
アプローチ	・	
	❹（定量、定性の）成果はどのようなものなのか	
定量	・	
定性	・	
	❺残課題または今後の課題	
概要	・	
	❻他メンバーに共有すべきポイント	
共有ポイント	・	

事前閲覧して、質問等があれば 氏名：質問事項の順番で記載してください

を行うのと同時に資料を「まとめる」、言いたいことを限られた時間で過不足なく「伝える」能力を高めることができる。加えて、全主要ミッションを１日で振り返って把握できるので、組織全体が何をしているのかという全体像を理解でき、それにより各人が視野を広げ、視点を高めることができる。さらに他のミッションを参考にして、自分の担当ミッションをレベルアップさせることもできる。

　さらにLMを継続していくと、同ミッションでの情報が蓄積されていく。すると、人事異動や転入職で、そのミッションを新たに担う人への引き継ぎが容易になる。半年に１回、ミッションについての上記❶～❻の情報がまとまっているため、新担当は、時系列に読んでいくことで、そのミッションが過去どのような施策を行っていたのか、何が課題なのかが手に取るように把握できるわけだ。

活用　査定の評価も簡単に

　LMでは、すべての主要ミッションの状況がたった１日で把握できる。誰が難しいミッションを担っていたのか、誰が良い成果を上げたのかも一目瞭然である。逆もしかりだ。そして、これらの情報は人事評価にも使える。結果として、人事評価の準備時間の削減にも寄与する。

目標設定の仕方

名称はさまざまだが、目標管理制度（MBO）を導入している企業は多い。この目標管理の巧拙で、組織やメンバーの動き方が大きく変わる。メンバーが評価を気にして、組織や上司といった内部に意識を向けるのではなく、外部（市場や顧客）に目を向けるようにしたい

解説 何のために目標を設定するのか考える

目標管理は 1950 年代、アメリカの会計事務所が各マネジャーに「年度目標と実行計画を提出させた」のが始まりで、ピーター・F・ドラッカーが MBO（Management By Objectives and self-control）として発表し、日本には 1960 年代半ばに紹介された。当時は、経営参画意識の向上（MBO の Management By Objectives）と人材育成（MBO の self-control）が目的だった。ところがバブル経済崩壊後は、人材育成視点が抜け落ち、成果主義人事の目標達成度測定 "のみ" に使われているケースが少なくない。その結果、成果が測りやすい短期の評価期間（例えば半期など）で、しかも個人単位の数値化しやすい売上額などの評価ウエートが高くなっているケースが散見される。

目標達成率で評価をするケースも多いが、そうすると、どうしても達成率を高くするために目標を小さくしたいという話になりがちだ。そうなると組織の目標数値と個人の目標数値の合計に差が出やすく、それを補うために個人の目標を上乗せすることに多くの時間を費やすことになる。また、これを避けるために、議論せずに一律のロジックで上乗せ設定しようとすると、メンバーによっては納得感が低い目標設定になり、モチベーションを下げる結果になってしまう。さらに、個人の目標だけを設定したり、そのウエートが高かったりすると、チームや組織での協働の意識が下がったり、メンバー相互の協力が行われなかったりして、経験が乏しいメンバーに対する教育などの優先順位も下がるようだ。

目標管理制度の目標設定と運用を工夫する

❶**定量ミッション**…数値で測定
　➡組織の目標数値を踏まえた個人の目標数値を設定する
❷**定性ミッション**…育成やイノベーションなど数値で測定できない取り組み
　➡どういう状態ならば目標達成といえるか事前にメンバーと合意しておく

※❶を期初に下方修正した場合は、期末に達成率が高く、最高の結果だったとしても評価の上限を「標準評価」とする

　筆者たちの組織では、これらの課題を解決するために、育成やイノベーションといった定性ミッションの目標を設定していた。そうすることで、数値で測定できない取り組みも担ってもらえるようになる。加えて定量ミッションにおける目標数値も、個人目標に加えて、組織目標や全社目標とも連携させることで、個別最適な行動にならないようにしていた。また、本部が提示した目標に対して、下方修正の要望があった場合も状況により認めた。ただし、下方修正した場合は、期末に達成率が高く、最高の結果だったとしても評価の上限を「標準評価」と決めた。これにより、目標設定会議で交渉上手（状況を説明して目標を下げる）が得をすることを避けるのと同時に、目標設定会議の時間短縮が実現できた。

　目標管理の運用は、目標設定と同時に、それをどうやって達成するのかを計画することがポイントになる。そして、それを計画どおりに実行し、顧客や市場の現実に合わせて修正することが重要なのである。これらも併せて検討しよう。

活用　期初の初日に目標を確定する

　あなたの組織は、期初の初日に目標を確定しているだろうか。初月の中旬、ひどい場合は翌月にならないと目標が確定しないケースがある。人事や目標設定のタイミングを1カ月前倒しして、初日に目標を確定し、気持ちよくスタートできるように考えてみよう。

💡 第7章に出てきた主な用語・フレーム

- □ 伝わるまで伝える
- □ ラーニングゾーン
- □ 仕事はあるレベルまでは確率論
- □ ロングミーティング
- □ MBO (Management By Objectives and self-control)

📖 第7章に出てきた参考文献

畑村洋太郎著『だから失敗は起こる』日本放送出版協会、2007年

✏️ MEMO

第 **8** 章

コンフリクトマネジメント

36 対立が起きる構造を理解する【分割】

組織内では大小さまざまな問題が起き、それがこじれて対立にまで発展することがある。まず、組織内でなぜ対立が起きるのかという構造を正確に理解しておくことが必要だ。実は、組織を分割すると対立が起きるのだ

解説 対立が起きる構造

まず、組織間の対立が起きる構造を考えてみよう。組織は、生産性を高めるために組織を分割する。例えば、機能別組織として集客、営業、製造、納品などといった具合だ。あるいは事業部別組織では、A事業部、B事業部、C事業部などに分割する。さらに、それぞれの組織を課やチームといった小組織に分割する。分割した組織では、組織内のメンバー間のコミュニケーション量が多くなり、その組織内での団結力が高まっていく。そして、しばらくすると自組織と他組織を比較し出す。そして、自分たちのほうが優れていると考えるようになる。

ここに小さな揺らぎが生じる。例えば、上記の機能別組織で納品トラブルが起きる。すると、営業、製造、納品組織の間で、どこが原因でトラブルが起きたのかという議論が始まる。本来は、組織間で協力してトラブルを撲滅し、顧客満足度を高めていく必要があるのだが、この際にうまく対処しないと組織間の対立が発生してしまう。そしてトラブルをきっかけに、本来仲間であるはずの組織間に亀裂が生じてしまう。

同様に個人間の対立も簡単に起きる。組織間同様に個人間でもトラブルがきっかけで対立が起きるのは分かりやすい例だ。例えば、目標管理制度を個人業績のみで評価するようにして、インセンティブ制度などとひもづける。個人業績が上がれば、より個人の評価が高まり、報酬がアップするようにする。そうすると、個人の業績向上のみを考える人が増え、対立が起きやすい構造が生まれる。また、インセンティブ制度以外の人

組織を分割すると対立が起きる

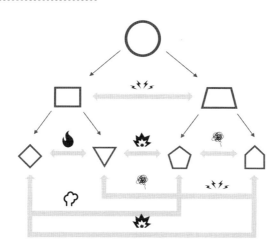

事制度や昇進・昇格制度でも、評価や昇進のために周囲を巻き込んで対立するケースが出てくる。古い体質の企業では、上司が評価されて昇進すると、芋づる式にその部下も高評価・高待遇を得られるようなケースもあり、一大事に発展することがある。同様に管理会計の配賦（どの組織に売り上げや費用を計上するのか）ルールによっても組織間、個人間の協働が阻害され、対立を起こすことが少なくない。

　そもそも、本来は生産性を高めるために組織を分割し、目標管理制度や評価制度、昇進・昇格制度を整備するわけだが、その設計を間違うと、本来、同じ組織内で協力することで生産性を高めたいはずのチーム間、個人間で対立が起きる。

活用　日常的に協働を促す仕組みを設定する

　組織間の協働を促すためには、トラブル時だけではなく、日常的に組織を超えて対話をする仕組みを整備することだ。加えて、全体最適の視点を持たせるために、評価制度で個人評価の中に組織業績や全社業績を一定割合加味することがポイントである。

対立が起きる構造を理解する【感情】

関連テーマ：38

民族紛争、人種差別など、あらゆるレベルの人間関係の紛争や対立を分析したアーノルド・ミンデル『紛争の心理学』では、怒りや衝突など集団内で感情が大きく動く瞬間（ホットスポット）には「ランク」と「ダブルシグナル」が結び付いていることを教えてくれる

解説 ランクとダブルシグナル

『紛争の心理学』（講談社現代新書）には、対立を起こす原因として「ランク」と「ダブルシグナル」があると書かれている。

ランクとは「個人の持つ力」のことで、ミンデルは、すべての人はランクが違うという前提に立っている。人は平等ではなく、ランクがあるという。そして、自分のランクが高くなると、自分の態度が他者（自分よりもランクが低い人）に否定的に影響することに気付きにくくなる。例えば、経営者と従業員とでは、経営者のほうがランクが高い。したがって、経営者は、これまで従業員のためにいろいろやってあげているにもかかわらず、従業員がさまざまな不平不満を言う理由が分からない。極端な場合は理解しようともしない。また、高学歴者（ランクが高い）は、なぜ低学歴者（ランクが低い）が会議で（冷静さを忘れ）感情的に話をするのか理由が分からない。それは低学歴者が普通に発言しても、高学歴者に耳を傾けてもらえないからなのだ。さらには、強い国家は、自らの力が発展途上国に与える影響を忘れている——というように、例を挙げればきりがない。

もう一つの「ダブルシグナル」とは、ランクの高い人の発言には、表に出ているシグナルと、その裏に隠れている（本人が自覚していないケースも多い）別のシグナルが含まれているということだ。例えば、会議で黒人男性が"感情的に"自分の状況を訴えたことに対して、白人女性が「感情的に意見を言うのではなく、論理的に話をするように」とアドバイス

ランクとダブルシグナル

ランク
「個人の持つ力」のことで、相互の関係性に大きな影響を与える

ダブルシグナル
会話の中で、ランクが上の者が、本人が意図せずに、会話の内容と違うメッセージを言い方や表情、動作などを通して送ること

する。これが一つのシグナルである。一見、正しく聞こえる。ところが、この白人女性のシグナルの裏には、彼女自身が気付いていないダブルシグナルが隠されている。それは、「私が正しいので、（ランクの低いあなたは）私の意見に従いなさい」というものだ。ランクの高い白人女性がランクの低い黒人男性に対して無自覚に、このダブルシグナル的な発言をしているわけである。ややこしいのは、ランクの高い人が無自覚にダブルシグナル的な言動をしているケースが多いことだ。

このような事実があるにもかかわらず、「人は平等であり、ランクやダブルシグナルなどわれわれの組織にはない」と表面的に解釈したり、取り繕ったりしたとしても対立は生まれ、そしてその対立は解決しない。

ランクにより、主流派ではなく、周辺に追いやられている人たちがいる。居住地、会社のビル所在地など分かりやすいケースもある。周辺に追いやられている人が感情的な発言や行動を起こさないと、主流派のランクの高い人は、周辺にいる人の存在すら無視してしまう。

活用 "長老"を目指し、感情の対立を解決する

対立を解決するには、対立している人たちのランクを超越した「霊的ランク」（比喩としては"長老"）になることだ。つまり、さまざまな側面に対して繊細でありながら、ランクやダブルシグナルをコントロールできる、信頼を得た知恵のある長老のような人材を目指すのだ。

38 対立を解決するステップ

関連テーマ：37

ささいな対立であっても、それが長期化している場合、対立を解決するのは簡単ではない。正しく事前準備をし、正確に現状把握をすることで、少しずつ解決に導いていく必要がある。そのために有効な七つのステップを紹介する

解説 対立を解決するための七つのステップ

　対立を解決するのは容易ではないことが多い。例えば、最も大きな対立である国家間の紛争や戦争を解決する場合を考えてみる。対立している当事者だけでは解決できないケースも少なくない。だからといって、大国が登場したとしても容易に解決できないものである。対立を解決するには、リーダーシップと方法論が必要なのだ。ここでは、ロナルド・A・ハイフェッツほか著『最難関のリーダーシップ』（英治出版）に掲載されている「対立を組織化するための七つのステップ」を紹介する。

❶準備：対立するポイントを正確に理解、把握する。対立の原因は第三者から見るとささいなことかもしれない。ある国家間の争いのきっかけは、その言語を話す人は自国民なのかどうかというものだった。英語を話す人がアメリカ人やイギリス人に限らないことは常識である。しかし他の言語では異なっていた。その言語を話す人を自国民だと考え、自国に取り戻すために他国を侵略した。

❷基本ルールの設定：話された内容を外部に漏らさないことは必須である。つまり、守秘義務の順守である。加えて、どのようなことであっても個人的な対立にしないことも重要である。

❸それぞれの見解の確認：ここに37で触れた「ランク」や「ダブルシグナル」が登場する。これらを見逃さずに、正確に見解を把握する。

❹対立の組織化：それぞれの主張や立場を（できる限り）完全に、そして一方の立場に偏ることなく、公正にはっきりと説明する。

対立を解決するための七つのステップ

Step 1 準備：対立するポイント、大切にしていること、失うことを恐れているものを整理

Step 2 基本ルールの設定：守秘、個人的な対立にしない

Step 3 それぞれの見解の確認

Step 4 対立の組織化：各主張や立場を完全に、公正にはっきり説明

Step 5 喪失の受け入れと対処の促進：時間も与える

Step 6 実験のコミットメント

Step 7 仲間同士によるリーダーシップ・コンサルティングの開始

❺**喪失の受け入れと対処の促進**：双方の主張をそのまま実現することは不可能に近いため、双方とも当初想定していたことは実現できないという現実に直面する。その状況を受け入れるための時間を提供する。

❻**実験のコミットメント**：対立関係を解消するための施策を一気に実現するのは現実的ではない。関係者すべてが協力して、小規模な実験を行う。実験なので、うまくいくこともあれば、そうでないこともある。しかし、協力して実験することで、関係者は何としても前に進めることにコミットするようになる。

❼**仲間同士によるリーダーシップ・コンサルティングの開始**：実験を通して相互の理解が進み、対立を解消する仲間として、相互にリーダーへのコンサルティングを行うことで、課題を全面展開する。

活用　目的の共有や環境整備も重要

　例えば、共通言語をつくり、方向性や価値観に加えて対立解消の目的を共有するのも効果的だ。そして、協業の経過を記録しておく。縦のつながりの権威と横のつながりの仲間意識を醸成すること、快適な作業環境を整備することも重要である。

率直な意見を言うための場づくりのポイント

関連テーマ：6、21

6 で紹介したダニエル・キム氏の「成功循環モデル」によると、まずは「関係の質」を高める必要があることが分かる。具体的な「関係の質」を高める例として、ヒューマンバリュー社が開発したOcapi が参考になる

解説 関係の質の5段階

マサチューセッツ工科大学組織学習センター共同創始者のダニエル・キム氏の「成功循環モデル」によると、結果の質を高めるためには順番がある。具体的には、「関係の質」→「思考の質」→「行動の質」→「結果の質」という循環で改善していく。これをヒューマンバリュー社が中心になり、「関係」「思考」「行動」の質のそれぞれを五つの段階に分けて可視化している（Ocapi：組織変革プロセス指標）。そして、それぞれの三つの質×五つの段階をさらに41 の項目（プロパティと呼ぶ）に分解している。この41 のプロパティにより、組織の「関係の質」「思考の質」「行動の質」がどのような状態なのかが把握できる。

例えば、Ocapi の「関係の質」では、14 のプロパティが五つの段階に整理されている。そして「率直さ」は「関係の質」の5段階のうち4段階目にある。つまり、「率直さ」を実現するには、「関係の質」の3段階目までを実践できている必要があるというわけだ。

それでは「関係の質」の最初の三つの段階を確認してみよう。1段階目には「挨拶」「声掛け」の二つのプロパティがある。この二つのプロパティが実現できて2段階目に進む。2段階目には「つながり」「会話量」の二つのプロパティがある。この2段階目をクリアして3段階目の「ありがとう」「活気」「尊重」の三つのプロパティに進む。そして、ようやく「率直さ」を含む4段階目に到達する。つまり、「挨拶」や「声掛け」をし、組織のメンバー相互に「つながり」を感じるようになり、「会話

41のプロパティ

関係の質	
1	挨拶
	声掛け
2	つながり
	会話量
3	ありがとう
	活気
	尊重
4	背景理解
	率直さ
	横断
5	一体感
	協働
	信頼
	越境

思考の質	
1	関心の広がり
	共同思考
2	受け止め
	ポジティブ思考
	行動意欲
3	未来感受
	当事者意識
	システム思考
	内省
	発想
4	探求
	確信
	互恵
	視座
5	意味創造

行動の質	
1	笑顔
	フレンドリー
2	アジャイル
	行動変容
	支援
3	新たな習慣
	主体的行動
	誠心誠意
4	ボランティア・チーム
	洞察・配慮
5	自己組織化
	共創行動

資料出所：ヒューマンバリューホームページ、Ocapi（組織変革プロセス指標）

量」も増加し、「ありがとう」と感謝の言葉があちこちで交わされ、「活気」も感じられ、相互に他者を「尊重」できる状態になってから、ようやく「率直さ」が実現できるということだ。4段階目には「背景理解」「率直さ」「横断」が、5段階目には「一体感」「協働」「信頼」「越境」などのプロパティがある。つまり、3段階目までをクリアしている組織は、その後、相互の「背景理解」が進み、ようやく「率直」なコミュニケーションが生まれる。そして組織「横断」でのコミュニケーションが始まり、さらに5段階目となる組織の「一体感」や「協働」が生まれ、相互の「信頼」感が醸成される。そして、こうなると組織を超えての「越境」が始まるのだ。つまり、3段階目をクリアしていない組織に「率直なコミュニケーション」を求めるのは無理がある。

活用　やはり「急がば回れ」

　そもそもこの成功循環モデルは、早急に「結果」を求めても出すことはできないという示唆を与えてくれる。そして、最初のステップの「関係の質」を高めるにも、五つの段階がある。やはり「急がば回れ」。着実に1段階ずつ上ることが必要なのだ。

40 怒りの感情をコントロールする

人の価値観が多様になり「当たり前」が通じにくくなっている。加えて、ハラスメントに対して世の中の反応はどんどん厳しくなってきている。このような変化の中では、リーダーにとって、自分自身の「怒り」をコントロールするスキル取得は必須だ

解説 四つの方法を知っておく

対立が起きると、誰しも「怒り」を感じることがある。それを「怒らない」ようにコントロールすることは、かなり高度なスキルを要する。「怒り」を感じることはあるが、その後どうするのかがポイントとなる。

「怒り」の感情をコントロールするには、四つの方法を組み合わせることをお勧めする。

❶ **数字を10数える**：「怒り」を感じても、何もしなければ問題は起きない。しかし、「怒り」は人の判断を誤らせ、反射的な行動を促すことがある。相手に暴言を浴びせたり、ひどい場合は暴力を振るったりしてしまう。こうなると「ハラスメント」になることは免れず、場合によっては「犯罪」になってしまう。この反射的な行動を避けるために10秒ほど数を数える。数えている間に気持ちが落ち着くことも少なくない。

❷ **数を数えている間に「怒りのレベルを点数化」する**：10点が最高の「怒り」だとして、今回の「怒り」は何点なのかを考える。点数化することで「怒り」を客観的に見ることになるので、「怒り」が収まりやすくなる。また、点数化するには、過去の怒りと比較することになるので、怒りの感情を表に出すかどうかを選択できるようになる。

❸ **その場から離れる**：これでも「怒り」が収まらない場合は「その場から離れる」を実行する。トイレや休憩室、あるいは飲み物を購入するために外出するのも有効だ。怒る相手が目の前にいないので、「怒り」が収まりやすくなる。

怒りを感じた際の感情のコントロール

❶ **数字を 10 数える**
怒りを感じたら数を数えることで、冷静さを取り戻す

❷ **数を数えている間に「怒りのレベルを点数化」する**
怒りを点数化することで客観的に見ることができ、過去の怒りと比較することで感情を表に出すかどうかを選択できるようになる

❸ **その場から離れる**
自分の目の前に怒りの原因があるときには、そこから離れて、怒りのきっかけとなったもの、もしくは人から離れる

❹ **固定観念を捨てる**
怒りは、自分の思いどおりにならないときに感じるといわれる。相手を変えることは難しいため、自分の「〜べき」という固定観念を事前に捨てて、「〜でもいいや」と割り切ることで予防する

❹**固定観念を捨てる**：「怒り」を感じてから対処法を実行するのではなく、事前に整理しておくことで「怒り」を感じにくくする。そのためには自分の価値観を整理し、「○○すべきである」という固定観念を捨てることだ。「怒り」は自分の価値観と相手の価値観が異なることがきっかけで生じることが大半だ。例えば、「年長者に敬語を使う」べきである、「会議開始5分前に到着」すべきであるという価値観を持っていた場合、若手が遅刻した上に、年長者にタメ口で言い訳をし始めたら、「怒り」の感情が湧いてくる。しかし、事前に例えば「時代は変わったのだ」と整理しておけば、自分の「怒り」による不必要な言動を予防できる。

活用 怒りの後始末の大きさを認識しておく

「怒り」の感情に任せて、後先を考えずに暴言を浴びせた結果、メンバーが退職してしまい、しかもその人が労働基準監督署に申告して、監督官が調査に来るとなったら、会社を挙げてのトラブル対応が必要だ。その結果が分かっていても、あなたは「怒り」を発露するだろうか。

💡 第8章に出てきた主な用語・フレーム

□ 「ランク」と「ダブルシグナル」
□ 対立を組織化するための七つのステップ
□ 成功循環モデル
□ 41 のプロパティ（株式会社ヒューマンバリュー　Ocapi〔組織変革プロセ
　 ス指標〕より）

📖 第8章に出てきた参考文献

A・ミンデル著、永沢哲監修、青木聡訳『紛争の心理学──融合の炎のワーク』講談社、2001 年

ロナルド・A・ハイフェッツ、マーティ・リンスキー、アレクサンダー・グラショウ著、水上雅人訳『最難関のリーダーシップ──変革をやり遂げる意志とスキル』英治出版、2017 年

✏️ MEMO

第 **9** 章

コーチング

41 信頼関係を築く

関連テーマ：14、66

> 信頼関係を築く際に大事なのは、「何を言ったか」に加えて、「何をしたか」が重要。メンバーや顧客などからの信頼は、日々の行動の積み重ねでこそ実現する。そして、信頼のベースは、何よりも成果を上げ続けることだ

解説 目標の数字まで足りなかった営業担当の行動

14 でも紹介したが、筆者が営業担当時代に常務からアドバイスしてもらった言葉がある。「大事なのは、何を言ったかではなく、誰が言ったか。例えば、あなたが、論理だけで相手を説得したとする。もちろん論理は大事。しかし、それだけではお客さまは動かない。より大事なのは信頼関係。○○さんが言うことなのでやってみよう。そう言ってもらえる営業担当になってほしい」。これは社外でも社内でも同じだと思う。

この話に関して筆者の同僚のエピソードを紹介しよう。1990年当時、筆者たちは企業の新卒採用における求人広告の営業をしていた。百科事典のような広告集を無料で大学生の自宅に送り届けていた時代だ。大学生は企業の広告を見て、興味のある企業に資料請求はがきを送ることで就職活動が始まる。期末に目標の数字まで足りなかった同僚は、取引がある企業の社長に広告の追加提案の機会をもらった。しかし、その企業は、同僚の今までの提案によって学生から十分な応募もあり、大きな追加受注が期待できる余地はなかった。しかし、同僚はアイデアを絞り出して、社長が保有している劇団に新卒採用の提案をすることを思い付いた。並行して、どれくらいの学生が大学の演劇部に所属しているのか調査する。そして、本当は演劇で身を立てたいと考えている学生がどれくらいいるのかを類推する。その結果、採用ターゲットとして十分なボリュームがあることを確認した。そのデータをベースに企画書を作り、大学生向けの商品A（文系学生向け）と商品B（理系学生向け）を提案した。

相手の期待を超える成果を上げ続けることで、信頼を勝ち取る

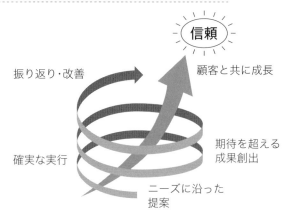

劇団への提案だったこともあり、当初社長は驚いていたが、興味を持ってくれて、「AとBの二つだと高コストなので、Aだけやろう」と判断してくれた。これだけでも十分な成果だった。しかし同僚は、この申し出を受け入れなかった。「社長。ありがとうございます。ただ、それならば、このプロジェクトはやめましょう。このプロジェクトは劇団に新卒を採用するという、これまで誰もやっていないことにチャレンジするものです。チャレンジする前に商品Aだけ、つまり文系学生だけにするというのは、可能性を半分にすることです。プロジェクト成功の可能性を半分にするような判断をする方とはプロジェクトはできません」と伝えた。その話を受けて社長は、「確かにそうだな。申し訳ない。商品A・B両方ともやろう」と提案を受け入れてくれた。それで同僚は目標を達成できたというわけだ。

活用 なぜ社長は提案を受け入れたのか

　同僚がすごかったのは、劇団に新卒を採用しようと思い付いたこと、商品Aだけやると言った社長の判断を翻意させたことなど幾つもある。しかし、基本はその会社が、いつも同僚の提案で採用に成功していたという実績があったからだ。それまでの成果が信頼のベースなのだ。

42 信頼と自由にやらせる（放任）は違う

関連テーマ：3、71、75

メンバーを信頼して仕事を任せる。メンバーも意気に感じて、うれしそうだ。その際にメンバーとのコミュニケーションプランを立てておけば、問題が起きた際に適切なサポートができ、メンバーが成果を上げられる可能性が高まる

解説 権限委譲の誤解とコミュニケーション設計

　リーダーからメンバーへの権限委譲における間違った認識によって、その後両者がトラブルになるケースが散見される。権限委譲する際のポイントを押さえて、きちんと成果が上がるようにしたい。

　典型的な権限委譲時の誤解は、メンバー側が、この業務を任されたので自由にやってよいと勘違いしてしまうことだ。そこまでいかなくても、従来の定期的な報告・連絡・相談はしないでよいと高をくくることもある。結果としてリーダーとのコミュニケーション頻度が減ってしまい、リーダーが業務の進捗状況を把握できなくなってしまう。

　一方のリーダーも、メンバーに対して権限委譲したのに、逐一報告を求めるのは気が引けて、メンバーに報告を求めなくなる。メンバー、リーダーの両者の誤解が相まって、コミュニケーション頻度が落ちてしまい、不必要なコミュニケーションロスを生む。この結果、業務がうまくいかない、あるいは当初リーダーが想定した成果が上がらないなどという事態が起きてしまう。そして、今回の権限委譲は失敗だった、そのメンバーには権限委譲は時期尚早だったという評価になってしまう。

　では、どうしたらよいのだろうか。成功の鍵は「Goal の確認」「OB ラインの設定」、そして「コミュニケーション設計」の三つだ。Goal の確認と OB ラインの設定は、権限委譲をするときに限らず、仕事やプロジェクトを始める前に必ず関係者とすべきことだ。具体的には、❶ Goal：実現してほしいこと、❷ OB ライン：やってはいけないことを明確にする

権限委譲の成功の鍵

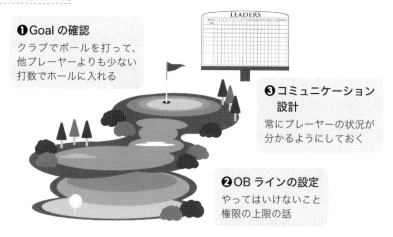

❶Goal の確認
クラブでボールを打って、
他プレーヤーよりも少ない
打数でホールに入れる

**❸コミュニケーション
設計**
常にプレーヤーの状況が
分かるようにしておく

❷OB ラインの設定
やってはいけないこと
権限の上限の話

こと。❷は、発注額の上限や新たな採用の権限などが分かりやすい例だ。次に❸コミュニケーション設計とは、状況を報告する「内容」「手法」「頻度」を決めておくことである。「内容」は報告してほしい中身のこと。進捗状況や困り事、そしてトピックスなど、定量・定性の情報を最小限のパワーで報告できるようにする。負荷軽減のため、可能であれば報告のための資料作成はしないような仕組みを考える。「手法」は報告の手法である。①対面の会議か、②オンラインの会議か、③メールやチャットツールかということだ。筆者は、基本は③で実施し、必要に応じて②を併用するようにしていた。そして「頻度」は、毎日か、週1回か、隔週か、月1回なのかということだ。当初は頻度を多くして、うまくいけば頻度を減らすのも一つの方法である。

活用　四つのマネジメントスタイルを活用する

　メンバーへのマネジメントスタイルは「委任型（権限委譲）」以外に、「援助型」「コーチ型」「指示型」がある。ミッションごとに四つのマネジメントスタイルを使い分けることが重要だ。その際に、メンバーからどのスタイルで進めるかの合意を得ることがポイントだ。

43 効果的なフィードバックの仕方

関連テーマ：29、44、53、76

> リーダーにとって最も重要なミーティングは、人事評価の結果を伝えるフィードバック面談である。この巧拙でメンバーのやる気が大きく変化する。その重要なフィードバックの効果を上げるためには、日常での情報収集が必須である

解説 後出しじゃんけんではなく、未来について話す

リーダーにとって最も重要なミーティングは、人事評価の結果を伝えるフィードバック面談である。当然であるが、人事評価の結果は「良い」「悪い」がある。リーダーにとって「悪い」評価を伝えるのは気が重いものだ。「悪い」評価を伝えながら、これから始まる新しい期への奮起を促して、今度は成果を上げてほしい。一方で「良い」評価を伝えたメンバーには、当然、新しい期でも良い成果を上げてほしい。ところが、フィードバックの仕方がまずくて、「悪い」評価を付けたメンバーのやる気を下げてしまい、「良い」評価を付けたメンバーにも、評価してほしいポイントが違うとへそを曲げられるケースがあったりする。これは、評価結果のフィードバック面談の「Goal（目的）設定のミス」と「Pre（事前準備）不足」に起因することが少なくない。

Goal 設定のミスとは、面談で最終的に何をメンバーに伝えたいかがずれているということである。①評価結果を伝え、②その理由を伝えることは、過去の話なので変えることはできない。理由を伝えても「後出しじゃんけん」になる。であれば、これから変えられる未来の話をすることがポイントになる。つまり、③これから始まる新しい期で組織は何を目標としていくのか、④その中で、そのメンバーに何を期待して、何を担ってもらうのか、⑤それがメンバーの将来のキャリアにどのようにつながるのかを伝える。つまり、フィードバック面談の Goal（目的）は、単に過去の評価結果を伝えるだけではなく、これから始まる期に対して頑

フィードバック面談で失敗しないために

Goal（目的）：大事なのは❸〜❺を伝えること

❶評価結果を伝える ┐
❷その理由を伝える ┘ ─過去のことなので後出しじゃんけんになる

❸これから始まる新しい期で組織は何を目標としていくのか
❹その中で、メンバーに何を期待して、何を担ってもらうのか　　を伝える
❺それがメンバーの将来のキャリアにどのようにつながるのか

Pre（事前準備）：❸〜❺を伝えるために準備しておく

❸〜❺を伝えるために、組織の戦略に加えて、その人の強みや弱み、そしてやりたいことやキャリアイメージについても事前に（常日頃から）情報を集めておく必要がある

張ろうと思ってもらうことなのである。

　そう考えると、面談には Pre（事前準備）も必要であるし、その内容も変わる。③〜⑤を伝えるためには、組織の戦略に加えて、その人の強みや弱み、そしてやりたいことやキャリアイメージについても把握しておく必要がある。これらを評価結果のフィードバック前に短時間で把握することは不可能だ。そのためにも、日常的にメンバーを観察して、強みや弱み、そしてやりたいことやキャリアイメージに関する情報を集めておく。それを個人ごとにメモしておくことが重要だ。

　一人ひとりのメンバーに興味を持ち、事前に情報収集しておけば、このままでは目標未達で評価が悪くなるという情報も期末ではなく、期中に伝えることができる。そうすれば、評価結果の後出しじゃんけんを避けることもできる。期中であれば、残りの期間で成果を向上させるためにメンバーを支援することもできる。

活用 「１日１感謝」の勧め

　筆者自身も実施していて、主宰している経営者育成塾（中尾塾）でも勧めているのが「１日１感謝」をするということ。毎日１人誰かに感謝を伝える。最初は恥ずかしいかもしれないが、これを継続すると、メンバーの情報が集まりやすくなるし、関係も良好になる。

44
アドバイスを Good と TTP でサンドイッチ

関連テーマ：43、76、95

> メンバーに改善してほしいことを伝える際、その前後に加えると効果的なことがある。まずは改善点の前に伝える Good（そのメンバーができていること）。そして、後に伝える TTP（改善する際に参考になる情報）だ。これらでサンドイッチすると、改善が促進する

解説 TTP と Good & Better

TTP（徹底的にパクる）という言葉を知っているだろうか。諸説あるが、これはトリンプ・インターナショナル・ジャパンの元代表取締役社長の吉越浩一郎氏の言葉である。筆者はリクルートの「スーモカウンター」（アドバイザーが個人の顧客の要望を聞いて新築マンションや注文住宅を建設する会社を紹介するサービス）を担当している時代に、この TTP に S を加えて TTPS（徹底的にパクって進化させる）という言葉をつくった。茶道や武道などでは「守破離」という言葉がある。型を「守り」、型を「破り」、最終的には型から「離れ」、自分の型をつくるということだ。TTP は守破離の「守」、S は「破」という対応関係である。

メンバーにフィードバックをするのは、評価を伝えることが Goal（目的）なのではない。フィードバックすべきポイントを伝え、その人に改善あるいは成長してもらうことが Goal（目的）である。そう考えると、改善するための具体的な方法を伝える必要がある。それが TTP である。成功している事例を紹介することが効果的だ。そこから学ぶ（パクる）わけである。そして、伝える際に意識してほしいのが、「メンバーはフィードバックしてほしい"とき"に、フィードバックしてほしい"人"から、フィードバックしてほしい"内容"をフィードバックしてほしいものだ」ということなのである。

「とき」というのはタイミングのこと。メンバーが現状を打開し、なんとか改善したいと思っているときがベストだ。例えば、仕事がうまくい

メンバーの改善・成長を促す Good & Better

> フィードバックの際には、Good & Better を意識して伝える
>
> Good：良いところ、感謝していること（エピソード）
> メンバーのおかげでできたこと、あるいはリーダー自身が助かったこと
> を、日常的にメモして記録として残しておく。付け焼き刃では無理
>
> Better：もっと伸ばしてもらいたいこと
> メンバーに今後もっと伸ばしてほしい点、より良くなるための改善点
>
> Good の数＞ Better の数で、できれば Better は一つが望ましい

かなかった、それを課題解決しないといけない、そのように思っているタイミングを狙う。あるいは、失敗する前に「このままではまずい」と感じているタイミングならば、さらにベストである。次に「人」というのは、信頼されている人、尊敬されている人という意味である。メンバーとまだ関係構築ができていない状態であれば、課題を解決できる専門性が必要である。そして、「内容」というのは、フィードバックする内容と伝え方である。一般的にフィードバックは、「相手の行動に対して改善点や評価を伝え、軌道修正を促すこと」と思われている。しかし、人は感情の生き物である。改善点ばかり伝えられても素直に受け入れられないものだ。その際のポイントが Good & Better である。まずメンバーのGood（良いところ、感謝）を伝える。その後に Better（より良くなるための改善点）を伝える。Good の数が Better より多くて、できれば Better は一つが望ましい。こうすればメンバーも改善点を受け入れやすくなる。

活用　日々、メンバーの Good を探しておく

　筆者は、メンバーの Good（良いところ、感謝したこと）をその場で伝えるのと同時にメモしている。その Good を評価結果のフィードバック面談の冒頭で伝える。メンバーの良いところ、筆者が感謝したことを伝えると、面談のムードがとても和やかになる。

45

非常時、乱時に
ポジティブであり続ける

関連テーマ：23

> リーダーはポジティブであることが重要だ。ただし、「平時」にポジティブな発言ができても、「非常時」や「乱時」にポジティブでいられるかがポイントである。チームが厳しいとき、混乱しているときにこそ、リーダーの本質が問われる

解説 厳しい状態のときにポジティブでいられるか

　業績が好調な「平時」には、どのようなリーダーでもポジティブでいられる。差が出るのは、業績が厳しいとき、強い競合他社が卓越した商品・サービスで台頭してきたとき、ブラックスワンといわれる想像もつかない大きな環境変化が起きたときだ。このような「非常時」にポジティブでいられるかがポイントである。

　このような非常時には、リーダーは難しい判断を迫られる。ビジネスにおいて大災害に見舞われた状況である。しかも、限られた情報の中で短期間のうちに戦略・戦術を決めなければならない。モタモタしていてはさらに大きいダメージを負う可能性が高まる。リーダーには、そのような難しい状況下で素早く決断し、速やかにメンバーを行動させることが求められる。たとえ決断したとしても、メンバーにそれを選択すれば成功すると伝えることができないとしたら、メンバーは、その選択を実行することを躊躇する。

　このようなときにリーダーのポジティブさが必要になる。「非常時」の限られた情報の中で、この選択はうまくいくのだとメンバーに伝え、成功するのだと確信を持たせることが重要である。メンバーがうまくいくと考えて実行するのと、うまくいくのかどうか疑心暗鬼になって行動するのとでは、成功確率は天と地ほど異なる。

　ある探検隊が、大吹雪に見舞われて遭難しかかっていた。避難する中で少しでも動けるように大半の装備を放棄した。身軽になって移動した

厳しい状態のときでもポジティブでいられる胆力が必要

ことで、なんとか山小屋までたどり着いて避難できた。しかし、その山小屋はかなり老朽化していて、大吹雪によってダメージを受けていた。このまま大吹雪に耐え続けられるのか心配な状態だった。しばらくすると吹雪が少し弱まった。その場所にとどまり続けるか、吹雪が弱まった間隙を縫って、より安全な場所に移動するか、リーダーは判断しなければいけない。しかし、装備の大半を捨ててしまい情報がない。そんな中、山小屋で1枚の地図を見つけた。リーダーは、その地図を頼りに下山することを決め、地図があるから大丈夫だとメンバーを鼓舞した。その結果、探検隊は麓にたどり着くことができた。ところが、その地図をよく見ると、その山脈の地図ではなかった。地図が間違っていたことをリーダーが知っていたかどうかは定かではない。しかし、この選択はうまくいくのだとメンバーを鼓舞した結果、無事下山し、難を逃れたわけだ。

活用　リーダーの基本は"逆張り"

　23でも触れたように「厳しいときにはポジティブに。うまくいっているときにはネガティブに」という"逆張り"がリーダーには求められる。ところが、厳しいときにはメンバーと共にネガティブになり、うまくいっているときには調子に乗ってしまうリーダーが少なくない。

💡 第9章に出てきた主な用語・フレーム

- ☐ Goal の確認
- ☐ 1日1感謝
- ☐ TTP、TTPS
- ☐ Good & Better
- ☐ 逆張り

✏ MEMO

第 **10** 章

ティーチング

46

メンバーに合わせて
伝え方を変える

関連テーマ：29、68、91

> メンバーに何かを伝えることの Goal（目的）は、伝えることそのものではない。メンバーに伝えた内容を理解してもらい、それに基づいて行動してもらう、つまり「態度変容」が目的だ。それを実現するキーワードが TCME である

解説 TCME

　TCME とは、Target・Contents・Media・Expression の四つの単語の頭文字を取ったもので、筆者の造語である。人に何かを伝えるのが得意な人に共通する四つのポイントを表している。

　T（Target）：ターゲット「誰に」、C（Contents）：コンテンツ「何を」、M（Media）：メディア「どのようなメディアを使って」、E（Expression）：表現「どのような表現を使って」ということだ。つまり「誰に、何を、どのようなメディアを使って、どのように伝えるのか」の四つのポイントを、誰か（今回ではメンバー）とのコミュニケーションをする前にチェックしようということだ。ちなみに、この TCME はメンバーに伝えるときだけではなく、顧客へのプレゼンや会議など、さまざまな場面で活用できる。プレゼンや資料作成がうまい人は、意識せずとも TCME と同様のチェックをしていることが多い。

　まず、T：「誰に」を確認する。今回はメンバーである。今回伝えたい C：「何を」、つまり内容に関して、そのメンバーはどの程度習熟しているだろうか。その習熟レベルに合わせて、C をより具体化あるいは抽象化する必要がある。よく分かっている内容であれば、ポイントだけ伝えればよいだろう。しかし、初心者・初級者であれば、背景など事前・周辺情報から伝える必要がある。次に M：「どのようなメディアを使って」である。資料を投影しながら、映像で、あるいは口頭など、さまざまなメディアが想定できる。対象のメンバーが慣れ親しんでいて、理解しや

TCME の整合を取ることが重要

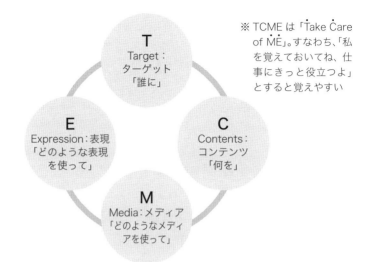

※ TCME は「Take Care of ME」。すなわち、「私を覚えておいてね、仕事にきっと役立つよ」とすると覚えやすい

すいメディアを使うのがお勧めである。ドラッカーによるとインプットには「利き手」があり、文字でのインプットが得意な人と会話でのインプットが得意な人がいる。これも意識すると、メンバーに伝えたいことが伝わりやすくなる。そして最後は E:「どのような表現を使って」である。メンバーが常日頃使っている言葉や興味がある表現、事例、例え話などを活用するのが有効だ。リーダーが伝えたことをメンバーがイメージし、離齬なく理解するには、この「E」はとても重要になる。この TCME のポイントを押さえて、メンバーに合わせて変化させて伝えるだけで、メンバーの理解度が高まり、「態度変容」する可能性が高まる。

活用　伝えた後には確認をする

　伝えることの Goal（目的）は態度変容だ。メンバーにミッションを伝えた直後に、その後の「段取り（実行手順）」を確認しよう。段取りが間違っていると、その業務はうまくいかない。直後に段取りを確認することで、理解度や不明点も明らかになり、その業務の成功確率が高まる。

47 メンバーに教える立場を経験させる

相手の立場に立って考える経験をすると、仕事のレベルが向上する。例えば、教わることが多いメンバーに、逆に教える立場を経験させることが有効である。相手の立場を経験する機会を組織として仕組み化できると、さらに有効だ

解説 逆の立場を経験する機会を設ける

「川は両岸から見て川」という言葉がある。川の片側から見るのと、反対側から見るのとでは風景が異なることがある。例えば、都市部などでよくあるが、こちら側から対岸を見ると、川の堤防の向こうには閑静な住宅街が広がっており、のどかな風景だ。ところが、対岸からこちら側を見ると、工業団地が広がっている。つまり、片側から見て、物事を判断してはいけないという戒めである。

リーダーとメンバーの関係性に当てはめて考えると、いつもリーダーが教えて、メンバーが教わるという固定の関係ではなく、あえて反対の立場を経験させる機会を設けるとよい。

例えば、メンバーが得意なことについて勉強会を開催するなどはとても良い方法である。筆者がリクルートのIT子会社の社長をしているときのことだ。デジタルマーケティングやUI（ユーザーインターフェース）／UX（ユーザーエクスペリエンス）の人材を一つの組織に集めた。そこの役員は勉強会をしながら組織力を高めることがうまかった。まず、役員はその組織に必要な17の専門スキルをピックアップした。そして、メンバーにこの17スキルについて、5点から1点までの自己評価をさせた。これで組織のスキルレベルが大ざっぱに把握できる。自己評価なので、メンバーによって評価に甘辛がある。そうだとしても、17スキルのどこが強くて、どこが弱いのか、そして、誰がどのスキルに秀でているのかが把握できる。把握できたら次は組織力を高めるための勉強会の設計である。

反対の立場を経験させることで、相手の立場が理解できる

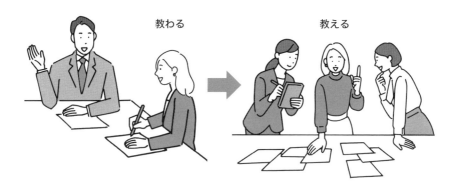

教わる　　　　　　　　　　　　　教える

17スキルのうち、それぞれのスキルで自ら高得点を付けたメンバーに勉強会を実施してもらう。これにより、それぞれのメンバーのスキル向上と同時に、さまざまなメンバーに教える立場を経験してもらうことができる。また、当日の勉強会の内容、そこでの質疑応答などにより、自己評価に基づいたスキル評価を是正し、実際は誰がそのスキルについて習熟しているのかも把握できる。1粒で何度もおいしい仕組みである。

　別の方法も紹介しよう。営業のメンバー同士で、一方は顧客、もう一方は営業としてロールプレイングをすると、顧客の立場を経験することができる。そして、どのように伝えると顧客が発注したくなるのか、イメージがつきやすくなる。当然、その結果、受注率が高くなる。

活用 ミーティングなどの事務局も持ち回りにする

　リクルートでは、定期的に事業部全体で集まるキックオフミーティングを開催していた。これも参加する側とおもてなしする側（事務局）で立場が固定化しがちだ。事務局を持ち回りにすると、事務局の大変さの理解が進み、ミーティングの場が協力的になるのでお勧めである。

48 Goal（目的）を明確にする

関連テーマ：28、43、53、54

> Goal（目的）をそろえることが重要なのは分かっているはずだ。し
> かし、重要事項でもGoalがそろっていないケースが散見される。
> リーダーとメンバーの間でGoalがずれていたら、いかに努力をし
> ても、その努力はすべて無駄である

解説 Goal（目的）を明確にする習慣をつける

　Goal（目的）を明確にすることが重要という話をすると、多くの人が
「それは分かっているので、その次を教えてほしい」という話になること
が少なくない。口にはしなくても、ぶぜんとした顔をする人もいる。そ
れではあなたが「Goalを明確にしているかどうか」を簡単にチェックし
てみよう。「この書籍を読むGoalは何か？」あるいは「このページを読
むGoalは何か？」、別の表現をすると「このページを読んで、どのよう
なことを得たいと思っているのか？」。これらの質問に正解はない。人そ
れぞれだ。しかし、少なくとも事前にGoalを設定していたかどうかは分
かるはずである。それがなかったとしたら、Goalを明確にできていない
のかもしれない。

　同じく、あなたが日報や週報あるいはToDo（やること）リストを書い
ていたら、最新のものをチェックしてみてほしい。そこに「手段」だけ
を書いていないだろうか。例えば、「○○会議出席」「△△社訪問」など
のようなケースだ。これらは何かのGoalを実現するための「手段」であ
る。ここで指摘したいのは、「どのようなGoalのために○○会議に出席
するのか」「どのようなGoalのために△△社へ訪問するのか」を明確に
しているかということだ。

　もう一つ質問してみよう。「今期のGoalは決まっているだろうか？」。
目標管理シートに書かれている場合は、それのことだ。具体的に書かれ
たシートがなかったとしても、会社や上司から具体的なミッションが付

Goal を常に確認し、完了基準を明確にする

Goal を明確にして
常に意識する

定期的に Goal を
確認する

完了基準は Goal に
到達できたかどうかを
確認するために必要

与されているだろう。それを直近いつ確認しただろうか。また、Goal を
設定していたとしても、それに関係しない業務をしていては、Goal に近
づくことはない。

　ここまで幾つか質問をしたが、すべて Yes と回答できなかった人は、
これを機に Goal を明確にする習慣をつけよう。

　最後の質問である。Goal が明確な場合に、その Goal を達成したかど
うかの「完了基準」は明確になっているだろうか。これが不明確だと、
達成したかどうかが分からない。完了基準とは、マラソンでいえばゴー
ルテープである。誰が見ても Goal にたどり着いたことが明確に認識でき
る。ビジネスでも同様に、完了基準は Goal に到達できたかどうかを確認
するために必要だ。可能であれば、数量で記載することが望ましい。も
ちろん、数値化できないものを無理やり数値化する必要はないが、大半
のことは数値化できる。

活用　ホチキスの針を確認して渡したメンバー

　筆者が「ホチキスを貸してください」とあるメンバーにお願いしたと
きのことだ。その人は、ホチキスを開けて針の有無を確認した。筆者の
Goal がホチキスを入手することではなく、ホチキスを使って何かをとじ
たいのだと考えたからだ。このように、常日頃から Goal を意識する人に
なりたいものである。

相手の持てる荷物の大きさにする

関連テーマ：72

> リーダーがメンバーに仕事を依頼する際のポイントは、その仕事を
> 実行する当事者であるメンバーの能力・スキルに応じて、課題解決
> できる大きさまで小さくしてあげることだ。筆者は、それを「相手
> の持てる荷物の大きさにする」と言っている

解説 大きな荷物を持たせると戸惑うだけ

　現場にハッパをかけることがリーダーの仕事だと勘違いしている人が
いる。例えば、営業部門が売り上げ拡大を目指す場合を考えてみよう。
「売り上げを拡大するぞ」とメンバーに伝え、どうやればよいのかという
具体的な方法・手段は、メンバーに丸投げするリーダーである。メンバー
の視点でいえば、売り上げ拡大はいつも考えているテーマである。しか
し、それが簡単にいかないから困っている。それなのに売り上げ拡大を
命じるだけで、それ以上は何も進まない。これでは、野球でいうとバッ
ターボックスに立つ選手に「打て」と命じるだけの監督、サッカーでい
うと「ゴールを決めろ」と迫るだけのコーチと同じだ。

　優秀な営業メンバーであれば、もしかすると売り上げを増やせと命じ
られただけで、実際に拡販してしまうかもしれない。そのような人は持
てる荷物のキャパシティが大きい。しかし、すべてのメンバーが必ずし
もそうではない。拡販戦略を考えろと言われても、具体的にどう動けば
よいのか分からないメンバーたちにとって、「売り上げを増やす」こと
は、荷物が大きすぎて持てないわけだ。このような場合は、売り上げと
いう大きな荷物を小さな荷物に分解してみる。

　例えば、売り上げを分解する方法は以下のように幾つもある。①商品
別売り上げに分解、②営業拠点別売り上げに分解、③数量×単価に分解、
④既存顧客売り上げと新規顧客売り上げに分解、⑤本体売り上げとオプ
ション・付属品売り上げに分解、⑥営業プロセス別に分解（例えば、営業

メンバーの能力・スキルに応じて、持てる荷物の大きさにする

活動量×提案率×受注率×平均単価、または訪問数×接客率×提案率×受注率×平均単価）などである。あるいは、これらを組み合わせて、営業拠点別かつ営業プロセス別に分解するなど、さらに小さな荷物に分解することも可能である。そして、これらのデータを過去からの推移や拠点間、商品間などで比較すると、メンバーもさまざまな疑問やアイデアが湧いてくる。例えば、拠点間を比較すると同じ商材でも受注率が異なる理由は何なのだろうかという具合だ。疑問が出れば、その次は、受注率が高い拠点からその理由を探ってみて、それを TTP（徹底的にパクる）すればよい、と行動がイメージできる。

　メンバーが、具体的に疑問が湧いてきて、さらに次の行動がイメージできる状態になって初めて、持てる荷物の大きさになったということだ。メンバーの能力・スキルに合わせて、荷物の大きさを変えられるリーダーが求められている。

活用　鳥の目、虫の目

　荷物の大きさを相手に合わせて小さくするには、全体を俯瞰する鳥の目と、現場の詳細が分かる虫の目の両方が必要である。つまり、全体像を把握した上で、解決しないといけない課題が特定でき、解決策の仮説を立てられるくらいの現場感が必要ということだ。

50 成長「感」と貢献「感」

関連テーマ：7、26

> 優秀なメンバーが組織に定着する（つまり退職しないで在籍し続けてくれる）のは、成長「感」と貢献「感」を持てるからだ。自分自身が成長し、組織に貢献できていると、本人が「感じられる」ことが重要である

解説 入社1カ月で成長「感」を持たせる

　人が、今いる組織を離れたい理由はさまざまである。しかし、優秀な人材の場合は共通点がある。それは、この組織にいても成長できないと感じるときだ。同世代の人たちと集まったときに刺激を受け、このまま今の組織にいてはまずいと思い、転職を検討する。また、成長していたとしても、組織に貢献できていないと、やはり貢献できる場所で働きたいと転職を検討する。これら「成長」と「貢献」は車の両輪といえる。あえて区別すると、成長が必要条件、貢献が十分条件となる。そして、それらを本人が感じるかどうかという「感」が、実は重要である。

　つまり、第三者から見ると、十分に「成長」「貢献」しているのに、本人に自覚がないと、実際にどうかはさておき、その組織を離れたいと考えるようになる。組織には、この「感」（感覚・イメージ）を本人に持たせる仕組みや仕掛けが重要なのである。

　筆者がいたリクルートは、メンバーにこの「感」を持たせるのが上手な組織が多かった。飲食店や美容院など街のお得情報を満載したクーポンマガジン『ホットペッパー』の事業部は、メンバーを採用すると、最初の2週間はロールプレイングマラソンと呼ぶ、未経験者でもすぐに営業実践できる導入研修を行う。そして、3週目に商談を行い、4週目には実際に契約を締結することを目指している。正確に表現すると、採用したリーダーが、この結果にコミットしている。つまり、リーダーは、新しいメンバーを育成し、1カ月以内に結果を出させる。もちろん、リー

人材を組織に定着させるために必要な「感」

成長「感」	貢献「感」
自分が成長していると感じられること	自分が周囲の人（上司、同僚、社内関係者、社外関係者、顧客）や社会の役に立っていると感じられること

メンバーは、成長と貢献を求めている
ただし、本人がそれらを「感じられる」ことが重要

ダーだけではなく、先輩社員も総出で新人メンバー育成を支援する。

　その結果、ほとんど全員が入社 1 カ月で初受注を獲得する。ホットペッパーに採用された人材の大半は営業経験がない。そうしたメンバーが、秀逸な研修制度と周囲の支援、もちろん本人の努力によって初受注を獲得できる。当然、メンバーは「成長」を感じることができる。そして、初受注で売り上げを上げることで「貢献」を感じることもできる。

　筆者もホットペッパーを参考に、「スーモカウンター」（**44** 参照）で従来 6 カ月かかっていた導入研修を 1 カ月に短縮して接客デビューできるようにした。ビジネスモデル的には受注という形ではないが、入社 1 カ月でデビューできることで、ホットペッパー同様の成長感と貢献感を醸成することができた。仕事においては「感」が重要である。

活用　定期的に成長と貢献を見える化

　スーモカウンターでは 3 カ月に一度、一人ひとりのメンバーに成績表を渡していた。さらに、能力開発ポイントとその方法も提供していた。3 カ月に一度、自分の成長と貢献が見え、能力開発ができるので、低い離職率を維持できた。

💡 第10章に出てきた主な用語・フレーム

☐ TCME（Target：ターゲット／ Contents：コンテンツ／ Media：メディア ／ Expression：表現）

☐ 「川は両岸から見て川」

☐ Goal（目的）と完了基準

☐ 相手の持てる荷物の大きさ

☐ 成長「感」と貢献「感」

✏️ MEMO

第 **11** 章

———————

質 問 力

質問できる場をつくる

関連テーマ：23、33

> いかにリーダーの質問力が高くても、メンバーとの関係性ができていなかったり、質問する場が整備されていなかったりすると、メンバーから必要な回答が得られない。メンバーが何を話してもよいのだと思える（心理的に安心・安全な）場をつくることが重要である

解説　悪い「兆し」の段階で情報を入手する

　メンバーに主要顧客との商談状況について質問した。すると「例の商談ですが、失注しそうです」との回答だった。主要顧客との商談がうまくいっていないことが分かったとき、リーダーはどのようにメンバーに声掛けをすればよいのだろうか。

　「何をしているのだ。そんなことになったら部門の業績が達成できない。なんとかしろ！」と叱責（しっせき）するのか。それとも腹を立てて、感情に任せてパワハラまがいの罵倒をするのか。

　このようなことをすれば、メンバーは二度と悪い事実を伝えなくなるだろう。そもそもリーダーにとって、最も重要なことは何だろうか。それは悪い「兆し」を１秒でも早く入手することだ。誰しも悪い情報はできれば聞きたくない。良い情報だけ聞きたいものである。しかし、俯瞰（ふかん）して全体を考えてみよう。良い情報、つまり良い結果は、少しくらい時間が遅れて入手しても問題ない。しかし、悪い情報は違う。例えば、主要顧客の商談を失注する、主要メンバーが退職する。これらはいずれも悪い情報である。失注も退職も避けられるものであれば避けたいはずだ。しかし、結果として悪い情報を聞いても、既に決定していては手の打ちようがない。では、どうしたらよいのか。それは、悪い情報の前の悪い「兆し」の段階で情報を入手すればよい。結果が出る前の「兆し」であれば、まだ、リカバリーできる可能性がある。失注前に主要顧客が競合他社と商談しているとの情報は悪い「兆し」だ。このタイミングであれば、

悪い「兆し」は早い段階で把握する

時間が経過するほど、打ち手の数が減ってしまい、リカバリーするのに労力とコストがかかる

リーダーが再度訪問し、真のニーズや当社への不満を把握することで、競合他社に負けない再提案ができるかもしれない。退職も同じだ。退職の申し出をしてきた人に、退職を撤回させるのは困難である。しかし、その前の段階で退職するかもしれないという情報を入手できれば、退職を翻意させられる可能性も出てくる。

　冒頭の「失注しそうです」は、まだ失注が確定する前の悪い「兆し」だ。この時点でリーダーが関与すれば形勢を逆転することができるかもしれない。そう考えると、この悪い「兆し」を提供してくれたメンバーに感謝することはあっても、叱責やパワハラまがいの言動をすることはもってのほかである。

　筆者がリクルートでリーダーをしているときには、毎回、会議の最後に悪い「兆し」をメンバーに報告してもらっていた。「兆し」の段階で把握できる仕組みがあると、トラブルに対して強くなる。

活用 悪い「兆し」を報告してくれたら感謝を

　悪い情報を聞くのは誰しも嫌だ。しかし、悪い「兆し」の段階でエスカレーション（上司に判断や指示を仰いだり、対応を要請すること）してくれたら、そのメンバーに感謝を伝えよう。「このタイミングで報告してくれてありがとう。一緒に対策を考えよう」。まず、この一言を伝えてほしい。

52 解決するのは「問題」ではなく「課題」

関連テーマ：66

まず、「問題」ではなく「課題」を特定する。つまり、問題を「課題化」するのがポイント。そして、課題を特定するには、「現状把握→解釈→介入（課題解決）」＋「感情の保留」という手順でひもといていく

解説 「問題」ではなく「課題」を解決する

　安宅和人著『イシューからはじめよ』（英治出版）には、そもそも解決すべきイシューは、100のうち2、3個だとある。つまり、問題の大半は解決しなくてよい。この本では本当に解決すべき課題を特定する方法として、「問題の課題化」を紹介している。「問題」とは「モヤモヤ」することだ。日々働いていると、はっきりせずにモヤモヤすることはたくさんある。現代のビジネスでは「問題」を解決することが仕事のように思っている人が多いので、この「モヤモヤ≒問題」は解決しないといけないと思い込んでいる人が多い。"解決したい病"だ。しかし、この「モヤモヤ≒問題」は、そもそも解決しなくてよい（できない）場合が多い。では、何を解決すればよいのか。それは「課題」である。つまり、「問題」は解決しなくてよいが、「課題」は解決する必要がある。言葉遊びをしているのではない。「課題」は、そのまま放置するとGoal（目的）にたどり着くのを阻害する。いわば、Goalと現状のギャップである。すなわち、モヤモヤのうち「課題」だけを解決すればよいわけだ。それ以外の「問題」はモヤモヤするかもしれないが、放置していてもGoalの達成には無関係なのである。この「問題の課題化」によって、解決すべき内容を確定する。次は、解決の仕方である。

　トラブルが起きると、すぐに「○○をしましょう」と提案してくるメンバーがいる。これも"解決したい病"の一種である。単なる思い付きではなく、どうやって解決すればよいのだろうか。それは、正しい手順

「問題」と「課題」の違い

・問題は、現在のモヤモヤしていることや、気になること
・課題は、未来における、目標と現状予測のギャップのことで、数値で表現できる

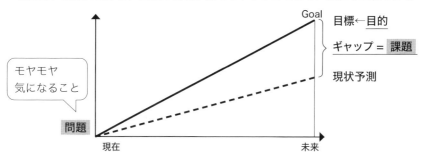

にのっとることだ。正しい手順とは、①現状把握→②解釈→③介入である。並行して、全体を通して「感情の保留」をする。①現状把握では、事実情報を集め、何が起きているのかを正確に把握する。そして、②解釈では、解決すべき課題を特定し、課題解決策を考える。最後が③介入である。介入とは「割り込むこと。有無を言わさず関わること」、いわゆるお節介だ。リーダーが課題解決策を考えたとして、それを実行するのは現場のメンバーであることが大半だ。メンバーは日常業務をこなしており、真面目に一生懸命働いてくれている。そこにリーダーから新たな課題解決策が降ってくる。その課題解決策がいかに優れていたとしても、現場のメンバーにしてみれば大きなお世話だ。場合によっては面倒くさい。そのように思うのが人情である。つまり、リーダーは、現場のメンバーの日常業務に新たな施策を割り込ませると同時に、メンバーにそれを強いて実行するだけの重要性があることを理解させる必要がある。

活用　すべてのステップで感情を保留する

　①現状把握→②解釈→③介入のすべてのステップにおいて意識するポイントがある。それは「感情の保留」である。人は感情の生き物である。つまり、誰が言っているかに影響される。そうした感情をいったん保留することで、正確な現状把握と正しい解釈ができる。

53 気づきを促す質問

関連テーマ：24、29、33、48、54、63、95、100

> メンバーはさまざまな場面で「気づき」を得られる。中でも「振り返り」の段階で適切に質問することができれば、メンバーに多くの「気づき」を促せる。「振り返り」段階での有効な質問をするためのキーワードは「再現性」と「再発防止策」である

解説 定期的に振り返る習慣をつくることが重要

29でも一部を紹介した、ハイパフォーマー（高業績者）が成果を上げている仕事のやり方「G-POP®」。ハイパフォーマーは、常に Goal（目的）を意識し、Pre（事前準備）に時間を使い、On（実行・修正）し、Post（振り返り）から学びを得る。ここでは、この Post（振り返り）のポイントを紹介しよう。Post（振り返り）をするためには、必要条件が二つある。それは① Pre（事前準備）でやるべきタスクが明確であること、② On（実行・修正）終了後、計画に対して評価をすることだ。計画と評価がないと Post（振り返り）ができない。

正しい方法を知らない人の Post（振り返り）には特徴がある。それは、感想や感謝や反省であったりすることだ。例えば、「うまくいってうれしかった」「○○さんに感謝したい」「次回失敗しないように努力します」といった具合だ。ただ、これでは何も学ぶことがない。正しい Post（振り返り）のポイントは、うまくいっている場合とうまくいかなかった場合それぞれに一つずつある。まず、タスク（やるべき業務）がうまくいっている場合は、メンバーにうまくいったことを承認した上で、「なぜうまくいったのかを考察してみよう」と促す。メンバーは、うまくいったポイントを振り返ることで、類似のタスクをする場合に成功の可能性を高めることができる。つまり、成功の「再現性」が高まる。逆にタスクが計画どおりに進まなかった場合は、メンバーに「このタスクがうまくいかないという結果が分かっているとして、1週間前にさかのぼって、どう

138

成果を上げるには常に Goal を意識する — G-POP®

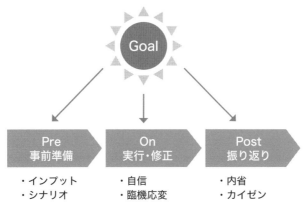

やればうまくいったのかを考えてみよう」と促す。タスクがうまくいかない典型的な理由は、「忙しかった」「想定外の仕事が入った」「想像以上に時間がかかった」などである。ここで対話を終わらせず、例えば、「その忙しさをどうやれば想定し、時間を確保できただろうか？」「その想定外の仕事を事前に把握する方法はなかっただろうか？　そして、そうならないような打ち手はないだろうか？」「ちなみにタスクの計画は納期だけではなく、工数で計画しているか？」などと掘り下げていく。

　仕事はあるレベルまでは確率論である。成功する可能性を高めるために「再現性」を確認し、失敗する可能性を低減するために「再発防止策」を講じておく。これを定期的に繰り返すことで、メンバーは仕事ができるようになっていく。

活用　毎週 Post（振り返り）をする習慣をつける

　Post（振り返り）の頻度と質を高め、それを習慣化することで、メンバーの仕事の質がどんどん高まる。その最適な頻度として、まずは毎週振り返ることをお勧めする。そして、これが習慣化できたら、毎日振り返るように頻度を増やすとよいだろう。

54

自己成長を促す質問

関連テーマ：28、48、53、63、95

> G-POP® はハイパフォーマー（高業績者）が成果を上げている仕事の
> やり方である。これをメンバー自身がセルフチェックできるよう
> に、まずは Goal を設定する。G-POP® のセルフマネジメントの六
> つの質問（下記①〜⑥）を習得しよう

解説 G-POP® の六つの質問

　何度か触れている G-POP®。ハイパフォーマー（高業績者）は、常に
Goal（目的）を意識し、Pre（事前準備）に時間を使い、On（実行・修正）し、
Post（振り返り）から学びを得ることで成果を上げている。この G-POP®
を上手に活用するには六つのチェックポイントがある。これらのチェッ
クポイントを習慣化できると、コンスタントに成果を上げられるように
なる。メンバー自身がセルフチェックできるように促す質問が重要であ
る。なお、以下の六つの質問は、週次サイクルでの運用を前提に記載し
ている。月次の場合は、週の部分を月に読み替えてほしい。

■**Goal（目的）**：①正しい Goal 設定か。これは、会社が求めている Goal
　をきちんと確認しておこうということだ。当たり前と思うかもしれな
　いが、期初に設定した Goal を毎週一度は確認しようという話だ。Goal
　がずれていると、努力は無駄になる。

■**Pre（事前準備）**：② Goal に関連する業務だけをしているか。Goal に関
　係ない業務を減らし、関係する業務にフォーカスするということだ。
　③１週間でできる業務に分解できているか。対象期間でこなせるだけ
　の量に分解しておかないと On（実行・修正）の後に評価ができない。

■**On（実行・修正）**：④結果を評価できているか。評価をするためには、
　事実を記載することが必要となる。その事実を基に、例えば、◎○△
　×などで評価する。また、メンバーには毎週の業務がすべて○になる
　ように意識してもらうことが重要である。メンバーがまず１週間の仕

G-POP® シートを使って
逆算思考を習慣化する

事を計画どおり遂行できるようにする。そして、その後、少しずつ仕事の難易度を高めたり、量を増やしたりすることで生産性を高めていくように促す。仕事は個人だけではなく、チームで進めることが多い。前工程の人が計画どおりに仕事を進めておかないと、後工程の人は、計画していた業務ができずに手待ち時間が発生し、結果として組織の生産性を下げてしまう。計画どおりに仕事を遂行し、すべてのタスクに○が付くようになることが重要である。

■**Post**（振り返り）：⑤正しい振り返りができているか。○の場合は、再現性を高める考察をし、△×の場合は、次回、同様の結果にならないように再発防止策を講じておく。

■次回の **Pre**（事前準備）：⑥ Post（振り返り）から学んでいるか。そして、上記② Goal に関連する業務だけをしているかを確認する。

活用　G-POP® は PDCA とは異なる

G-POP® と PDCA の違いは二つある。一つは Goal の有無、もう一つは Pre（事前準備）の有無である。G-POP® は常に Goal を意識し、定期的（1週間を推奨）に実施することで内容を変化させていく。Goal と Pre を意識し、早いサイクルで回すため、一般的な PDCA よりも環境変化にアジャイル（俊敏）に対応できる。

55

メンバーを支援する未来志向の質問

関連テーマ：43

トラブルが起きたとき、うまくいかなかったとき、「過去と他人は変えられない。あなたが変えられるのは自分自身と未来だ」という言葉を思い出そう。そして、過去に執着するのではなく、組織全体が未来に向けて進んでいけるように働き掛けよう

解説 エリック・バーンに学ぶ未来志向の重要性

　「過去と他人は変えられない。あなたが変えられるのは自分自身と未来だ」。この言葉は、カナダの精神科医で心理学者のエリック・バーンの名言といわれている。人はうまくいかなかった失敗に執着し、他人の言動に怒りを感じることがある。しかし、それらは過去のことであり、他人の考えなのである。したがって、それは自分にはどうすることもできない。しかし、そのような失敗があったとしても、自分自身の見方や考え方、そして行動を変えることで、未来をより良いものにすることができる。筆者は失敗した際、この言葉を思い出して、もう一度前を向いて歩き出そうと何度も思ったことがある。ぜひ落ち込んでいるメンバー、後悔しているメンバーには、この言葉を紹介して「どのように感じるか」を聞いてみてほしい。きっと筆者のように「自分にもやれることがまだまだあるかもしれない」と前を向いて歩き出してくれることだろう。「ダメだ」という思考で未来を展望してもうまくいく可能性は低い。逆に「できるかも」という前向きな思考で未来を見ると、成功する可能性が高まる。未来の成功を信じて、取り組み続けるように支援するリーダーになってほしい。

　また、エリック・バーンは、勝者、つまり成功した人についても名言を残している。「勝者とは、世界と自分との約束を果たす者である。彼らは何かをするために出発し、それに専念し、長期間にわたってそれをやり続ける」。まさに、成し遂げたい約束のために、動き出し、それをやり

変えられるのは未来と自分

　続けるという未来志向の人が勝者、成功する人になるという。

　さらに、敗者、つまり失敗する人についての名言も残している。「敗者はなぜ敗れたのかを説明するのに時間を費やす。敗者は、これからどうしようかと考えて人生を過ごす。そして、彼らは自分がやっていることを楽しむことはほとんどない」。失敗する人は、変わらない過去のことを考えるのに時間を費やしている。成功する人が未来を考え、行動し続けているのとは大きな違いだ。そして、仕事を楽しんでいない。かつて、仕事は厳しくつらいものであり、その対価として給料をもらうのだという人が多くいた。しかし、現在は必ずしもそうではない。自分の強みを活かして毎日成果を上げることができれば、日々幸せを感じながら働くことができる。メンバーに、この勝者と敗者の話をして、どのように感じるかを聞いてみてほしい。

活用　自責性と他責性のバランスがポイント

　変えられるのは未来と自分という話をすると、「すべて自分の責任」だと極端に解釈する人がいる。いわゆる自責性が高すぎる人だ。他人のせいだという他責性が高すぎるのは問題だが、自責性が高すぎても自分がつらくなる。自分が変えられることに集中するのがポイントである。

💡 第11章に出てきた主な用語・フレーム

- □ 悪い「兆し」
- □ 問題の課題化
- □ 感情の保留
- □ G-POP®（Goal：目的→ Pre：事前準備→ On：実行・修正→ Post：振り返り）
- □ 仕事はあるレベルまでは確率論
- □「勝者とは、世界と自分との約束を果たす者である。彼らは何かをするために出発し、それに専念し、長期間にわたってそれをやり続ける」（エリック・バーン）

📖 第11章に出てきた参考文献

安宅和人著『イシューからはじめよ──知的生産の「シンプルな本質」』英治出版、2010年

✏️ MEMO

第 **12** 章

傾 聴 力

56 相手の話を共感して聴く

関連テーマ：4、21、22、78

あなたの話を聞いている相手が「無表情」である場面を想像してほしい。かなり違和感を持つだろう。無表情は、あなたの話に興味がないサインだからだ。逆に、うなずきや相づちは、あなたの話に興味があるサインだ。うなずきと相づちを活用しよう。

解説 「うなずき」「相づち」で共感力を高める

　Google は、2012 年に「完璧なチームをつくるには、どうすればよいか」という研究、プロジェクトアリストテレスに着手した。Google は、それまでの「最高の人材を集めれば最高のチームができる」という方針に疑問を感じ、この研究に取り組んだ。つまり、優秀な人材を集めているはずなのに、優秀なチームと凡庸なチームが生まれてしまい、両者の生産性の差が大きくなっていたからだ。このプロジェクトの結論を先に述べると、チームの生産性を高くするのは「心理的安全性」の高さが重要ということが分かった。「心理的安全性」とは、チームメンバーの一人ひとりが「このグループなら、自分が思ったことを発言しても大丈夫だ」と思えるかどうかということだ。この「心理的安全性」という言葉は、ハーバード大学教育学大学院のロバート・キーガン教授らが著した『なぜ弱さを見せあえる組織が強いのか』(英治出版)で有名になったので知っている人も多いかもしれない。しかし、どうしたら一人ひとりのチームメンバーの心理的安全性を高められるかについて知っている人は少ないのではないだろうか。

　このプロジェクトの研究結果によると、優れたチームは、心理的安全性が高く、その結果としてチームの生産性も高いことが分かった。その優れたチームに共通していたのは「発言量」と「共感力」だった。つまり、各チームメンバーがだいたい同じ分量の発言をしているということ。そして、メンバー同士の相手の気持ちに対する共感力が高いということ

相手の話を聞く際のNG行動

- ☑ 表情が硬い（怖い）
- ☑ 腕組みをしたり、足を組んだりして威圧的
- ☑ 目を合わせない、威嚇的に凝視する、じろじろ見る
- ☑ 会話中に貧乏ゆすりをする
- ☑ 会話中にため息をつく
- ☑ 相手の話を最後まで聞かない
- ☑ 会話の途中で不可解な笑みを浮かべる
- ☑ 「はい」「ほぉ」「うん」「確かに」などを連発する
- ☑ 相づちに抑揚がない
- ☑ 相づちが早くて雑（大げさすぎ）
- ☑ 相手の話にかぶせ気味に相づちを打つ
- ☑ うなずきすぎる
- ☑ うなずくタイミング、ポイントがずれている

NG

だった。これら二つの特徴を備えたチームは、どんな問題にも高い解決能力を示すことが分かっている。逆に、これら二つを満たさないチームは、いかに個人が有能であっても、チームとして良い結果が出せないという。チームの生産性を高めたいのなら「共感力」は必須条件だ。そして、「共感力」がないチームは生産性が低い。すなわち、「共感力」はリーダーにとって必須スキルなのだ。それでは、具体的に「共感力」を高めるために何から始めればよいのか。それは「うなずき」と「相づち」である。特にオンライン会議では、これらを駆使するだけで場が和やかになる。ぜひ生産性を高めるためにも次のミーティングからリーダーが率先して「うなずき」と「相づち」を実践してほしい。

活用　肯定ファースト

　筆者が学んだ一般社団法人 EMS が運営する Essential Management School では、「肯定ファースト」がグラウンドルールだ。相手の話をまずは「肯定」、受け入れるということだ。それだけで、組織の「心理的安全性」が高まる。ぜひ「肯定ファースト」も実践してほしい。

57 安心して話せる雰囲気をつくる

心理学やセラピーでは、会話の冒頭に「ラポール」という手法が用いられる。「ラポール」は、営業研修などでも取り入れられる手法で、語源はフランス語で「橋を架ける」という意味。対話する相手と話ができる状態にするということだ

解説 ラポールをつくる五つの手法

　筆者が在籍していたリクルートの営業研修でのことだ。商談では、最初から営業するのではなく、信頼関係を構築し、相手に話を聞いてもらえる状態をつくる「ラポール」というステップが重要だと学んだ。それまでは自己流で商談相手との共通点、例えば、同じ出身地や学校、趣味の話を見つけて盛り上がることで、営業のきっかけをつかもうとしていた。筆者は大阪出身だが、東京に来て驚いたのは慶應義塾大学 OB 同士のつながりの強さである。慶應義塾出身の営業担当者は、商談相手が同じ慶應義塾 OB の場合、あっという間にラポールができていた。

　さて、ラポールの話に戻ろう。意図的に相手とのラポールをつくることも可能である。基本的な手法を紹介しよう。

　一つ目は「ミラーリング」。一般的に、同じ動作をする人を見ると親近感を持つ可能性が高い。そのため、鏡のように相手と同じ動作をする。相手が飲み物を飲み出したら、自分も飲む。腕を組んだら、腕を組む。不自然にならないように、あくまでも"さりげなく"がポイントである。

　二つ目は「ペーシング」。これは相手のペースに合わせるということだ。例えば、話すスピードを合わせる。相手がゆっくり話す人であれば、それに合わせて、こちらもゆっくり話すようにする。

　三つ目は「マッチング」。これは聴覚への刺激を相手に合わせるということだ。声の強弱、トーンの高低、そして呼吸のタイミングなどを合わせる。人は同じ調子・リズムで話す人に好感を持つ。

ラポールをつくる五つの手法

❶**ミラーリング**：鏡のように相手と同じ動作をする。不自然にならないように、あくまでも"さりげなく"がポイント
❷**ペーシング**：話すスピードなどを相手に合わせる
❸**マッチング**：声の強弱、トーンの高低、呼吸のタイミングなど、聴覚への刺激を相手に合わせる
❹**バックトラッキング**：いわゆるオウム返し。相手が言った言葉をそのまま繰り返して言うことで、安心感や信頼感を醸成する
❺**キャリブレーション**：相手の表情や動きなどで相手の心理状態を把握し、自分の発言では言葉を選んだり、声のトーンを調整したりする

　四つ目は「バックトラッキング」。いわゆるオウム返しである。相手が言った言葉をそのまま繰り返して言うことで、相手は、あなたに対して安心感や信頼感を持つ。オウム返しでは、自分の言葉を入れると効果が弱まるといわれている。できる限りそのまま返す。例えば、相手が「残念でした」と言えば、「残念でしたね」と返す。「成功しました」に対しては「成功したんですね」と返すのがポイントである。

　最後は「キャリブレーション」。これまでのスキルは、相手に合わせることで成立するが、キャリブレーションは、それらに比べると少し難易度が高い。相手の表情や動き、話すスピード、声のトーンなどで心理状態を把握し、自分の発言では言葉を選んだり、声のトーンを調整したりする。例えば、相手が腑に落ちていない様子であれば、質問がないか尋ねたり、再度、要点を端的に伝えたりする。

活用　過度なラポールは逆効果になることも

　ミラーリングやペーシングなどは、やりすぎると相手に不快感を与える可能性がある。しぐさや言葉を必要以上にまねされると、誰しも不快感を持つだろう。したがって、適度に活用することが大切だ。まさに「過ぎたるは及ばざるが如し」である。

メンバーの説明や報告が分かりにくいことがある。特にトラブルの報告で本人が混乱している場合はなおさらだ。その際には、きちんと話を聞いた上で、「要約」と「言い換え」をすることで事実を正確に理解し、物事を前に進めることができる

解説 「要約」と「言い換え」でポイントを明らかにする

リーダーは、メンバーとの会話を通して顧客の状況を把握する必要がある。ところが、メンバーの説明や報告が分かりにくいことがある。特に、事実とメンバーの類推・想像などが混ざっていると、なおさらだ。まずは、事実と類推・想像を分離した上で、顧客に何が起きているのか状況を正解に把握し、必要に応じて何をしないといけないのかを決めなければならない。このような場面では、リーダーは話を「要約」するスキルが必要になる。

「要約」とは、話の大切なところをまとめることだ。「要約」できると、正確に状況を把握できるようになり、その後の打ち手も検討しやすくなる。当然間違った「要約」をすると、間違った現状把握になるので、注意が必要である。

次のように「要約」すれば、比較的うまくいく可能性が高まる。できれば、メンバーとの会話をテキストにしたほうがよい。その上で、①よく出てくる言葉にチェックをする。②会話の段落ごとにポイントとなる文章をチェックする。③登場人物をチェックする。これで頻出ワードとポイントとなる文章、登場人物を抜き出せた。メンバーの説明が上手であれば、これだけで「要約」可能である。しかし、上手な人ばかりではない。そのときは横軸を時間軸にして、縦軸で登場人物ごとに文章を並べ、整理していく。すると、情報のヌケモレなども把握しやすくなり、何が起きているのか「要約」ができる。「要約」できれば、次に何をしな

「要約」と「言い換え」で理解を深めていく

要約 	話し手が話した内容を変えずに、事実を整理する ❶ よく出てくるフレーズ ❷ ポイントとなる文章 ❸ 登場人物 ※横軸を時間軸、縦軸で登場人物ごとに並べて全体像を整理
言い換え	伝える相手に合わせて表現を変える。話し手の言葉を違う言葉に変えることで、より理解を深められるようにする

ければいけないのかは容易に分かることが多い。

　メンバーから報告を受けて、「確かにそのとおりだが、このままでは話が進まない」という場合は「言い換え」のスキルを使うのがポイントである。「言い換え」とは「伝える相手に合わせて表現を変える」ことだ。例えば、メンバーから現在のルールに対する不満を上司に報告したいと申し出があったとする。「現在のルールは現状にそぐわない部分がある。こんなルールは無視して行動すべきだと思います」という言い方では、上司も「そうだな」とは納得しないだろう。そういう場合は、伝えたいことの表現を変えて「言い換え」る。「現在のルールは現状にそぐわない部分がある。そして、メンバーはルールに従うとやりづらさで結果を出せないので、ルールだけにとらわれずに自分で考えて行動しています。ある意味で頼もしいと思えます。このルールを実態に合わせて変えることを検討したいのですが、いかがでしょうか」といった具合だ。

活用　「要するに」は使い方に気を付けよう

　リクルート時代の営業会議でのことだ。部長の発言に対して「要するに、○○ということですね」と言ったマネジャーに対して部長が激怒した。「私が分かりやすく説明した話を、なぜ君が要約するのか。バカにしているのか」。そう受け取る人もいるから気を付けよう。

関連テーマ：66

「目は口ほどに物を言う」ということわざがある。「何も言わなくて
も、目を見るだけで気持ちが伝わる」という意味だ。目だけではな
く、相手の表情やしぐさなどに現れるさまざまなメッセージを見逃
さないようにしよう

解説 相手の本音は表情やしぐさに現れる

　「目は口ほどに物を言う」。これは紀元前の中国の儒学者、孟子の言葉
「目は心の鏡」が語源とされている。何も言わなくても目つきだけで感情
が読み取れるということだ。つまり、口に出さなくても本心は隠せない
ということでもある。

　心理学では、目の動きによって気持ちを探る「アイ・パターン」とい
う手法がある。例えば、自分から見て相手の目が「右側に動く」場合は、
「何かを思い出している」とき。逆に目が「左側に動く」場合は、「何か
を想像している」とき。つまり、あなたの質問に対して相手の目が左側
に動いているときは、何かを想像し、うそをつこうとしている可能性が
あるということだ。

　「目が左右に動く」場合は、「恥ずかしさを感じている」とき。あるい
は「緊張している」可能性がある。このような場合は、話のトーンを落
ち着かせると、メンバーの緊張を和らげることができる。「目をじっと見
ている」ときは、「好意を持っている」ケースが多いようだ。好意をア
ピールするために、わざとしてくる場合もある。

　筆者がリクルート時代に担当した「スーモカウンター」は、アドバイ
ザーが個人の顧客の要望を聞いて新築マンションや注文住宅を建設する
会社を紹介するサービスである。当初、電話やメールでサービスを提供
しようとしたが、うまくいかなかった。それは、顧客が自分の要望を上
手に言葉や文章にできないケースが多いことも一因だったが、それに加

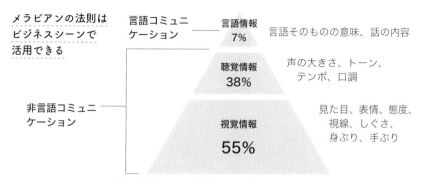

メラビアンの法則は
ビジネスシーンで
活用できる

言語コミュニケーション ── 言語情報 7%　言語そのものの意味、話の内容

聴覚情報 38%　声の大きさ、トーン、テンポ、口調

非言語コミュニケーション

視覚情報 **55%**　見た目、表情、態度、視線、しぐさ、身ぶり、手ぶり

話の内容以上に、話し相手の声の調子や見た目に左右される
→非言語コミュニケーションの影響力が大きい

えて、アドバイザーから相手の顔（表情）が見えないことが致命的だった。電話では、目の動きも分からない。その結果、顧客の本音がつかみづらかった。現在は、オンライン会議などでは離れていても画面越しに表情が分かるので、この問題は解消されているはずである。

　あなたは「メラビアンの法則」を知っているだろうか。これは 1971 年にカリフォルニア大学のアルバート・メラビアン教授が発表した法則である。コミュニケーションにおいて相手に与える影響は、言語情報 7%、聴覚情報 38%、視覚情報 55% というものだ。言語情報（話の内容）が与える影響は 1 割以下で、表情やしぐさ、口調など「非言語」コミュニケーションの割合がかなりの部分を占める。リーダーがメンバーの話を聞くときには、メラビアンの法則を理解しておく必要がある。つまり、メンバーの「話の内容」ではなく、それ以外の「表情」「ジェスチャー」「話すスピード」「声のトーン」に強く影響を受けるということだ。

活用 「誰が言ったか」ではなく、「何を言ったか」

　表情などから相手のメッセージを受け取ることは重要である。その一方で、私たちは「話の内容」よりも「誰が言ったか」といった他の情報の影響を受けやすい。意識して「話の内容」を正確に理解するように心掛ける必要があることを覚えておこう。

60 気持ちよく会話を終わらせ、次につなげる

関連テーマ：22

> 私たちはイベントや経験の評価を一番印象に残った「ピーク」と最後の印象「エンド」で判断しがちである。つまり、イベントや経験の最後の印象を良くしておくと、次回以降の商談につながる可能性が高まる。これを「ピーク・エンドの法則」と呼ぶ

解説 「エンド」体験は自分でコントロールできる

「ピーク・エンドの法則」は、2002年に行動経済学でノーベル経済学賞を受賞したダニエル・カーネマンが提唱した法則である。われわれは自分自身の過去の経験をその時間全体ではなく、そのピーク（絶頂）時にどうだったか（うれしかったか悲しかったか）と、それがどう終わったかだけで評価する傾向が強いという法則である。ある実験で、Aグループは大音量の不快な騒音を8秒間聞かされた。Bグループは、Aグループと同じ大音量の不快な騒音を8秒間聞かされた後に、幾分ましな騒音をさらに8秒間聞かされた。Bグループは、Aグループと同じ強度・時間の不快さに加え、さらに幾分弱い強度であっても騒音を長く聞かされたわけである。当然、Bグループは、Aグループよりさらに不快であったはずなのに、Bグループの不快さの評価は、Aグループよりも低かった。つまり、最後の幾分ましな騒音の印象が強く残ったため、結果的に全体の不快さの印象が変わったということだ。

この「ピーク・エンドの法則」をよく分かっているのが、ホテルチェーン「アパホテル」である。多くのアパホテルの部屋は広くない。しかし、大浴場が併設されているケースがある。日本には風呂好きの人が多い。これで宿泊客の良い「ピーク」体験をつくっている。加えて、朝ごはんがバラエティに富んでいる。朝ごはんは宿泊の最後の体験である。朝ごはんで良い「エンド」体験を演出している。その結果、部屋が広くないとしても、「大浴場」と「朝ごはん」という「ピーク」と「エンド」を上

「ピーク・エンドの法則」はさまざまな場面で活用できる

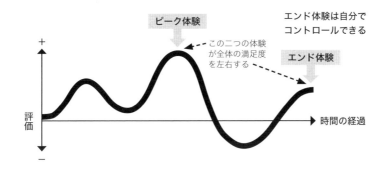

手に設計することで顧客満足度を高め、リピートにつなげている。

　この「ピーク・エンドの法則」はさまざまな場面で活用できる。筆者は営業リーダー時代に、顧客訪問時には必ず仕事で「役立つ資料」を"お土産"としてメンバーに持たせていた。顧客に対して「役立つ資料」で「ピーク」体験をつくり、逆に顧客から「宿題」をもらってくるようにした。そして、その「宿題」の回答を顧客が驚くようなスピードで提供する。これにより「エンド」の体験をつくり出していた。こうすることで顧客との良好な接点が増加し、提案の受注率が高まった。

　この法則はメンバーとの会議でも有効である。会議の「ピーク」体験をつくる目玉情報を必ず一つ準備する。そして、会議の最後に今日の会議の感想を交換する。「ピーク」体験があるので、「エンド」も高い確率でメンバーから「感謝」や「充実感」の声が上がり、結果的に組織への満足度や一体感が高まる。

活用 プライベートでも活用できる

　「ピーク・エンドの法則」は、仕事だけで使える法則ではない。パートナーや家族、あるいは地域の方々と良好な関係をつくる上でも活用できる。特に別れ際は印象を大きく左右する重要なシーンである。別れ際はあいさつだけでなく、大きな笑顔や感謝を伝える。そのようなささいなことを習慣にするだけで、良い「エンド」体験をつくることができる。

💡 第 12 章に出てきた主な用語・フレーム

☐ うなずき、相づち
☐ 心理的安全性
☐ 肯定ファースト
☐ ラポール
☐ 要約、言い換え
☐ アイ・パターン
☐ メラビアンの法則
☐ ピーク・エンドの法則

📖 第 12 章に出てきた参考文献

ロバート・キーガン、リサ・ラスコウ・レイヒー著、中土井僚監訳、池村千秋訳『なぜ弱さを見せあえる組織が強いのか──すべての人が自己変革に取り組む「発達指向型組織」をつくる』英治出版、2017 年

✏️ MEMO

第 **13** 章

承 認 力

メンバーを常に承認する

関連テーマ：79

> マズローは人間の欲求を5段階に分類した。生理的欲求、安全の欲
> 求、所属と愛の欲求、承認欲求は「欠乏欲求」で、満たされないと
> 人は不安や緊張を感じる。つまり、メンバーを常に承認することは
> とても重要だ。しかし、それを怠るリーダーが少なくない

解説 気に掛けているという意思を相手に伝える

　アメリカの心理学者アブラハム・マズローは、人間の基本的欲求を低
次から順に、生理的欲求、安全の欲求、所属と愛の欲求、承認欲求、自
己実現欲求の5階層に分類した。五つの階層からなるので「階層説」と
も呼ばれている。そして生理的欲求から承認欲求までの4階層の欲求は
「欠乏欲求」であり、生理的欲求を除き、これらの欲求が満たされないと
き、人は不安や緊張を感じる。その4階層の一番高次に当たる承認欲求
とは、自分が集団から価値ある存在と認められ、尊重されることを求め
る欲求である。つまり、「承認」されていない状態とは、リーダーやメン
バーから価値がないと思われ、無視されていると感じる状態だ。このよ
うな場合、そのメンバーが不安や緊張を感じるのは理解できると思う。

　筆者が、ある部署に異動した初日のことだ。その日からの段取りを確
認したいという理由で、上司から始業前の午前8時に出社するように言
われた。筆者は初めての場所だったこともあり、7時30分には到着した。
早朝にもかかわらず、執務フロアでは1人のメンバーが仕事を始めてい
た。あいさつしたが、彼女は筆者をちらっと見ると、何も言わずに別の
フロアに移動していった。そのとき、筆者は無視されたと感じた。さら
に、8時に来ると約束した上司は30分遅れて出社し、悪びれる様子もな
く「ゴメン、ゴメン」と言って部屋に入ってきた。その対応に、この上
司は筆者のことを価値がないと考えている、と感じた。承認欲求が満た
されずに、この部署でやっていけるのか不安になったのを覚えている。

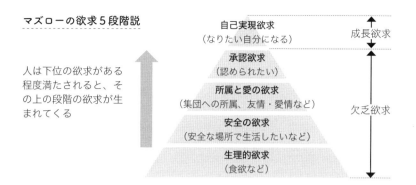

マズローの欲求5段階説

自己実現欲求
（なりたい自分になる）

承認欲求
（認められたい）

所属と愛の欲求
（集団への所属、友情・愛情など）

安全の欲求
（安全な場所で生活したいなど）

生理的欲求
（食欲など）

成長欲求

欠乏欲求

人は下位の欲求がある
程度満たされると、そ
の上の段階の欲求が生
まれてくる

実は後から分かったことだが、彼女は人見知りで、しかも筆者のことを「知らない人が勝手に執務フロアに入ってきた」と勘違いをし、危機を感じて逃げたのだった。上司はそもそも時間にルーズで、その彼が8時に出社しようとしたこと自体が奇跡のような話で、筆者のことを大事に考えていたのだった。しかし、異動初日の筆者には、これらのことを想像することができなかった。

「承認」というと、大げさに考える人がいるかもしれない。しかし、実は簡単なことをするだけで、リーダーがメンバーを承認していることは伝わる。例えば、リーダーからメンバーに対して「あいさつをする」、メンバーがあいさつをしてきたら「あいさつを返す」。当たり前のことだ。筆者も異動初日にしてもらえれば、承認欲求が満たされたはずである。加えてメンバーの「目を見て話す」「最後まで話を聞く」なども重要である。メンバーが話している途中で、それを遮って話し出すリーダーがいるが、それをやめるだけでメンバーの承認欲求を満たせる。

活用 人は"褒められたい人"に褒めてほしい

人は、褒められたい人から、褒められたい内容を、褒められたいときに褒めてほしいものである。一般的にリーダーは、メンバーにとって"褒められたい人"である可能性が高い。リーダーは、ぜひ大盤振る舞いで、多くのメンバーを褒める習慣をつけてほしい。

62 存在自体を認める「存在承認」

> 「存在承認」はすべての承認の基礎である。この組織に「存在」してもよいという「承認」だ。この「存在承認」がなければ、いかに他の承認を伝えたとしても無意味になるケースすらある。リーダーはメンバーの「存在承認」から始めることが重要である

解説 「チームにいてくれてありがとう」を伝える重要性

　承認には、存在を認める「存在承認」、行動を褒める「行動・プロセス承認」、結果を褒める「結果承認」がある。「存在承認」とは、その人の存在自体を認めることだ。リーダーがすべてのメンバーに対して、「私のチームにいてくれてありがとう」と伝えることだ。「うちのチームには仕事ができる人がいない」と愚痴を言うリーダーがいる。このリーダーは、メンバーの「存在承認」をしていないということだ。

　筆者は29年間リクルートに在籍したが、最後の10年間は大量にエンジニアやアドバイザーを採用し、毎月のように入社式をしていた。その冒頭で「私たちの組織を選んでくれてありがとう」と感謝を伝えていた。採用した人たちは他社も採用したいと思う優秀な人材ばかりだ。引く手あまたの求人環境の中で、私たちの組織を選んでくれたことに感謝しかなかった。筆者は1989年にリクルートに入社したが、その前年にリクルート子会社のリクルートコスモスの未公開株を巡り政財官を巻き込んだ贈収賄事件（リクルート事件）が起きた。筆者は内定者という立場で事件を知ることとなった。しかし、翌年の4月1日には848人の新入社員がリクルートに入社した。日本武道館で開催された入社式で当時の位田尚隆社長が祝辞の冒頭に「入社してくれてありがとう」と深々と頭を下げた。その日、多くの新入社員がそれぞれの会社で入社式を迎えていたはずだ。しかし、その中で社長の心からの感謝を伝えられた新入社員は限られていただろう。筆者を含めた新入社員の多くは、「存在承認」され

存在承認をする際のポイント

リーダーからあいさつをする

笑顔で話す

相手の強み・長所を指摘・肯定する

○○さん、△△君など、名前を呼んでから話し掛ける

目立たない努力や苦労している点を認めて、ねぎらいの言葉をかける

たと感じ、頑張ってリクルートを盛り立てていこうと思った。そうした経験があるので、筆者も子会社の社長や事業責任者になったときにはメンバーへの「存在承認」をしようと考えた。

「存在承認」は、いてくれるだけでうれしいということだ。お子さんがいる方はお子さんが生まれたときの瞬間、パートナーがいる方は相手がパートナーになることを受け入れてくれた瞬間を思い出してほしい。それだけで十分、それ以上何も望まないと思ったのではないだろうか。ところが、時間がたつにつれてその存在が当たり前になり、相手に対してさまざまな要望をするようになる。それも「存在承認」がある前提であればよいのだが、これがなければ、相手もつらすぎる。

メンバーも同じである。想定どおり最初から活躍する人もいれば、そうでない人もいるが、後者の人たちに対しても入社してくれた当時のことを思い出し、「存在承認」した上で要望すればよい。そのためにも「名前で呼ぶ」「あいさつをする」「笑顔で話す」など、基本的な「存在承認」をする。これがメンバーと良好な関係を築くスタートなのである。

活用　思いは伝わる

最新の量子力学の研究成果によると、人間の身体からは素粒子が放出されており、感情によって波長が変わるそうだ。人は相手が発している素粒子によって相手の感情を感じ取るという。知らないうちにメンバーに対して「存在承認」しているかどうかが伝わっているかもしれない。

63 行動・プロセスを承認する

関連テーマ：29、53、54

> 成果が上がらない場合は承認しなくてよいか。それは違う。例えば、新規事業の大半は簡単に成果が上がらない。つまり、うまくいかない。それを承認しなければ、誰も新規事業を担当しなくなる。成果が上がらなくても、その行動やプロセスがすばらしい場合は、それらを承認する

解説　成果が上がらない場合は行動・プロセスを承認する

　成果を上げた場合だけ承認するという組織では、メンバーはどんどん保守的になっていく。成果を上げないと承認されないので、メンバーは成果が見えるミッションだけに取り組むようになる。

　例えば、新規事業の大半はうまくいかない。経済産業省の「中小企業の成長に向けた事業戦略等に関する調査」（2016年）によると、新規事業展開を行った企業のうち、成功していると回答した企業は約28.6％で3割にすぎない。　その中で、経常利益率が増加したと回答した企業は51.4％と半分である。つまり、約80～90％の企業が新規事業に失敗しているといえるだろう。

　筆者が在籍していたリクルートには、新規事業提案制度「Ring」がある。このRingに集まったアイデアのうち、事業化フェーズに進むのは多くても2％。そのうち黒字化に到達するのは15％程度だそうだ。つまり、1000件応募があった場合、事業化フェーズに至るのは20件、黒字化まで至るのは3件ということになる。「新規事業の成功確率は千三つ」ということだ。

　では、リクルートに限らず成果が上がらない新規事業は承認の対象にならないかというと、そんなことはない。これらの行動・プロセスからさまざまなノウハウが生まれているはずである。ノウハウは「振り返り」から得られる。**29、53、54**で触れたG-POP® のPost（振り返り）であ

行動・プロセスを評価する際の着眼点

現状把握	顧客・市場・現場の動向とニーズの把握
課題設定	改善点の抽出と明確化／業務プロセスの改善／新しい価値へのチャレンジ
計画・企画	課題遂行計画の立案
行動・実行	成果を導くために職務上求められる行動／付加価値・効率化を意識した行動／着実な業務遂行／結果の検証と改善
組織貢献	組織への貢献／チームワーク
人材育成	ノウハウの共有／ノウハウの伝授
知識・スキル	自己啓発
意欲	積極性／達成意欲／責任感

る。Pre（事前準備＝想定した仮説）と On（実行・修正＝結果）を比較して振り返る。仮説どおりに良い結果が出る場合もあるが、残念ながら仮説とは異なる悪い結果が出ることのほうが多い。良い結果からは、うまくいくノウハウを抽出し、悪い結果からは、次回成功するために再発防止のノウハウを抽出する。

　ただし、正確な Post（振り返り）のためには、「徹底的に実行」する必要がある。そうでないと、成功した場合に「仮説どおりに実行したから成果が上がった」のか、「仮説とは関係なく別の要因によって成果が上がった」のかが評価できない。失敗した場合も同様である。これでは正確な Post（振り返り）はできない。つまり、「徹底的に実行」した場合のみ、結果にかかわらず Post（振り返り）から学びが得られる。

活用　起業後の生存率が高いという不都合な真実

　古いデータだが、2017 年の「中小企業白書」によると、日本では創業後５年で81.7％の企業が存続している。米英独仏では４〜５割程度である。この差は中小企業に対する保護の手厚さの違いである。日本では新規事業（新しいことにチャレンジ）をし続けなくても国が守ってくれるともいえる。そうだとすると、これはよいことなのだろうか。

64 成果を承認する「結果承認」

良い成果を上げたメンバーには、成果を評価し褒めて承認する「結果承認」が必要だ。しかし、成果を上げたメンバーに対して、それくらいは「当たり前」という勘違いや、褒めるには何か「見返り」が必要という気持ちが、「結果承認」を阻害する場合がある

解説 成果を上げたら承認することが「当たり前」

筆者がある部署に異動した直後のことだ。その事業の経験がないのに筆者がリーダーを任されることになった。分からないことが多く、毎日混乱していた。幸いなことにサポートしてくれるメンバーがいた。後から考えると、彼女は十分に成果を上げてくれていた。しかし、当時の筆者は「彼女の年次や立場、あるいは経験があれば、これくらいの成果を上げるのは『当たり前』」だと勘違いしていた。その結果、彼女に感謝を伝えることも、承認することもなかった。それどころか100回に1回もない彼女のミスに対して叱責していた。彼女はプロフェッショナルだったので、表面上の仕事の態度は何も変わらなかった。その結果、鈍感な筆者は何も気付かなかった。しかし、彼女の中でおそらく筆者と一緒に働くモチベーションは低下していただろう。時間を巻き戻して彼女に感謝を伝えたいと思う、大失敗の経験である。

そもそも世の中に、できて当たり前のことなどない。特に環境変化が激しい現代のビジネスでは、成果を上げる難易度がどんどん高くなっている。メンバーが成果を上げたならば、労をねぎらう一声があってしかるべきだ。

また、そうした「結果承認」をしない・できない原因はもう一つある。「結果承認」すると、人事評価での高評価や次の昇進昇格、重要なミッションやプロジェクトへの配置など、何らかの「見返り」が必要という思い込みである。そして、何らかの「見返り」を約束できないのには二

結果承認をする際のポイント

> メンバーが成果を上げたら
>
> ❶ 労をねぎらう（これはしよう）
>
> ❷ 相手に合わせて、「結果承認」をするのか「行動・プロセス承認」をするのかを見極めて、承認しよう
> ※判断がつかないなら、両方の承認をしよう

つの理由がある。一つは、成果を上げたときに伝える「結果承認」のタイミングと実際の処遇のタイミングにずれがあることだ。もう一つは、その成果を上げたからといって、直接的に処遇に反映されるかどうか分からないことである。各社の人事制度や昇進昇格、配置のルールによって、成果を上げても直接的に処遇につながるケースとつながらないケースがある。例えば、売り上げの歩合で報酬が決まるタイプの営業や目標達成の多寡で報酬が決まる外資系企業であれば考え方はシンプルである。しかし、大半の日本企業の仕事はそうではない。ユニークな例として、筆者が在籍していた当時のリクルートの昇進昇格（任用と呼んでいた）は、直近の成果評価とは関係なかった。任用は、これからのミッションができる可能性があるかどうかで決まる。つまり、成果と任用が疎結合なのだ。こうした人事制度によって「見返り」がないことについては、メンバーに自社の制度を理解・納得してもらうしかない。

活用　相手にもタイプがあることを意識しよう

　メンバーの中でも、結果を承認してほしい人、結果を出した行動・プロセスを承認してほしい人など、タイプは異なる。こうした個人の志向の違いを意識して承認することが重要である。少し乱暴かもしれないが、結果もプロセスも両方を承認することで解決できるケースも多い。

メンバーのタイプに合わせた
承認の仕方

関連テーマ：25、62

> リーダーは、自分のソーシャル・スタイルを理解するとともに、メンバーのソーシャル・スタイルに合わせてコミュニケーションをすることが求められる。これらについて正確に理解しておくと「承認」も含んだ対人対応力が高まる

解説 四つのタイプ

　62 で触れたように、承認には「存在承認」「行動・プロセス承認」「結果承認」などさまざまある。メンバーのタイプに合わせて承認することが効果的である。その際に、筆者がリクルートで学んだソーシャル・スタイル理論（1968 年にアメリカの心理学者デビッド・メリルとロジャー・レイドが提唱したコミュニケーション理論）が参考になる。

　ソーシャル・スタイル理論では、人を大きく四つのタイプに分類する。その分類の仕方がユニークで、相手の「感情表現度」と「自己主張度」という、相手とコミュニケーションをすれば把握できる特徴から分類する。そのため、相手にアンケートなどを依頼しなくて済むわけだ。

　「感情表現度」は、「感情を表す」か「感情を抑える」かで判断する。「自己主張度」は「自分の意見を主張する」か「他人の意見を聞く」かで判断する。これらにより 2 × 2 ＝四つのタイプに分類できる。「感情を表す」かつ「意見を主張する」はエクスプレッシブ（直感型）。気持ちや考えを素直に表す人が多く、周囲から認めてもらいたい人も多い。そのため、さまざまな形で「承認」することが有効である。「感情を抑える」かつ「意見を主張する」はドライビング（実行型）。成果にこだわり、行動が早い人が多いため、「結果承認」が有効だ。「感情を表す」かつ「意見を聞く」はエミアブル（温和型）。相手の主張を受け入れる人が多い。きちんとあなたを見ていると伝えるためにも「行動・プロセス承認」が有効だ。「感情を抑える」かつ「意見を聞く」はアナリティカル（分析型）。

四つのタイプ

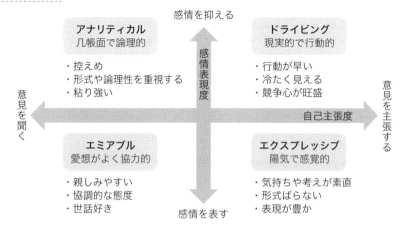

感情を抑える

アナリティカル
几帳面で論理的

・控えめ
・形式や論理性を重視する
・粘り強い

ドライビング
現実的で行動的

・行動が早い
・冷たく見える
・競争心が旺盛

感情表現度

意見を聞く

自己主張度

意見を主張する

エミアブル
愛想がよく協力的

・親しみやすい
・協調的な態度
・世話好き

エクスプレッシブ
陽気で感覚的

・気持ちや考えが素直
・形式ばらない
・表現が豊か

感情を表す

資料出所：リクルートマネジメントソリューションズのホームページの情報を一部改変

　形式や論理を重視し、決定に時間をかける人が多い。データや根拠を示した上で「承認」することが有効である。

　筆者が在籍していたリクルートでは、この理論を有効に活用していた。まず、自分のタイプを把握し、特徴を理解した上で自分をコントロールする。そして、社内であれば上司やメンバー、社外であれば顧客のタイプを把握し、コミュニケーションの仕方を変えていた。例えば、筆者が担当していた組織では、個人顧客と法人顧客の担当の振り分けにこの理論を活用していた。担当メンバー同士のソーシャル・スタイルが同じであれば、コミュニケーションがうまくいき、組織が円滑に回るからだ。さらに、法人顧客の担当メンバーを決める際には、顧客とタイプが同じ人をマッチングするようにしていた。

活用　強いチームづくりにも役立つ

　多様性があり、機会が公平で、その人がその人らしくいられる、すなわちダイバーシティ＆インクルージョン（Diversity & Inclusion）を実現した組織ではイノベーションが起こりやすい。つまり、四つのタイプそれぞれの個性を活かすことで、強いチームがつくれる。

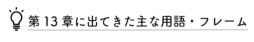 第 13 章に出てきた主な用語・フレーム

☐ マズローの欲求 5 段階説
☐ 存在承認
☐ 行動・プロセス承認
☐ 結果承認
☐ ソーシャル・スタイル理論

MEMO

第 **14** 章

説　得　力

66 人は感情で動く。だから感情を保留する

関連テーマ：14、52、59

人間は論理ではなく感情で動くと言われることがある。確かに、そのような側面がある。しかし論理を無視して、感情で動くことで失敗することもたくさんある。つまり、感情だけで判断しないように「感情の保留」ができると、失敗を回避できる

解説　誰が言ったかを保留し、何を言ったかで判断する

　筆者がリクルートで営業担当をしていたとき、営業担当の常務がわれわれにこうアドバイスしてくれた。「営業として良い提案をするのはすばらしい。提案の中身はとても大事だ。しかし、実はそれよりも大事なことがある。それは『誰が言うか』だ。信頼している営業がプレゼンテーションすれば、半信半疑でも契約をしようと思う。しかし、逆に信頼していない営業がプレゼンテーションすれば、商品やサービスがかなり良いと思っても契約はしない。それがお客さまであり、人間なのだ」

　この話を聞いて筆者は二つのことを学んだ。一つは、自分自身、「中尾が言うなら信頼しよう」と思ってもらえる人材になろうということ。もう一つが、「自分が判断する際には、誰が言ったかではなく、何を言ったかで判断しよう」というものだ。つまり、信頼している人からの提案は、納得しなくても受け入れてしまう可能性がある。逆に信頼していない人からの提案であれば、納得しても受け入れない可能性がある。これは“信頼”という感情によって正しい判断ができなくなることを意味する。これ以降、筆者は「誰が言ったかを保留し、何を言ったかで判断する」ことを肝に銘じた。

　感情を保留することで、大きな仕事ができる可能性が高まる。例えば薩長連合をご存じだろうか。薩摩藩と長州藩が徳川幕府を倒す目的で結んだ同盟関係で、明治維新のきっかけとなった。この連合ができなければ、現在の日本は別の形になっていたかもしれない。当時両藩は敵対し

「誰が言ったか」ではなく、「何を言ったか」で判断する

　ていた。薩摩藩は 1863 年に会津藩と協力し、長州藩勢力を京都から追放
し、翌年に上京出兵してきた長州藩兵と戦って敗走させる。これらによ
り両藩の敵対関係は決定的となった。その後、長州藩は、幕府から第一
次長州征討を受けるなど窮地に陥った。一方で薩摩藩も、幕政改革の展
望を開くことができず、幕府に対する強硬論が高まっていった。このタ
イミングで土佐藩の脱藩浪人であった坂本龍馬や中岡慎太郎のあっせん
により薩摩藩の西郷隆盛・小松帯刀と長州藩の木戸貫治（桂小五郎）が会
談し、薩長同盟を締結した。この密約の内容は、第二次長州征討に際し、
薩摩が長州に対し物心両面の援助を約束するというものだった。そして、
この密約に基づいて薩摩藩は幕府による第二次長州征討に際し出兵を拒
否し、以後薩長の連携関係は深まっていくこととなった。まさに昨日の
敵が味方になった。論理的に考えると最善の選択である。しかし、感情
で判断すれば、この同盟は成立しなかった。つまり、「感情を保留」して
実利を取ったわけだ。その上に現在の日本が成り立っている。現在の日
本をつくった先輩たちができたのだ。われわれもできないわけがない。

活用　感情で判断すると損することが多い

　「感情で動く」とウェブ検索すると、人は論理でなく感情で動くので、
感情に働き掛けることをアドバイスする記事が出てくる。これらは、行
動しない人に対して感情に働き掛けることで行動させようとしているも
のが多い。しかし、感情だけで判断した行動は損することが多いのであ
る。

選択肢を提示して選ばせる

シーナ・アイエンガー著『選択の科学』によると、人はそもそも「選択したい」という欲求を持っている。そして、「選択」とは「自分の力で（環境や状況を）変えられる」という認識のことだという

解説 ## 選択肢があることが重要

　一般的に人は「選択したい」という欲求を持っており、かつ自分の選択を肯定したいという欲求を持っている。したがって、メンバーに対して、「これをしなさい」と一方的に命じるよりも、選択肢を提供し、メンバー自ら選択してもらったほうがより良いといえる。

　選択肢も、例えば A or B という二者択一もあれば、三つ以上の選択肢 A or B or C などという提示の仕方もある。筆者が営業時代に顧客に「この提案をやりますか」と判断を仰ぐと、一定の確率で「やらない」という回答が返ってきた。これを改善するために「松」「竹」「梅」という三つの選択肢を提示したところ、「やらない」、つまり三つとも選ばないという割合は大きく低減した。さらに、日本では食事などで「松」は高級・高価格、そして「梅」は低級・低価格というイメージが定着しているので、真ん中の「竹」が選ばれる可能性が高いという経験則がある。そこで、三つの選択肢のうち「松」の値段を特に高くし、「竹」をリーズナブルな内容・価格にすると、顧客が「竹」を選択する傾向が強まった。

　では、選択肢の数を増やせばよいかというと、そうでもない。一般的に人は多くの選択肢から一つを選べない。選択肢を 10 個提示されると、違いを理解できずに選択できなくなる。シーナ・アイエンガー著『選択の科学』(文藝春秋) では、店の試食コーナーで行ったジャムの実験を紹介している。多くのジャムを試食できるようにすると客は集まるが、その中から一つを選択できず、購入しない (ジャムの法則)。つまり、選択肢を

ジャムの法則 （決定回避の法則）	ジャムの種類	6種類	<	24種類	4倍の品ぞろえ
	足を止めた 人数	40人	<	60人	1.5倍の集客
選択肢が多いと、選 択肢が少ない場合よ りも意思決定が難し くなり、購入率が下 がる	購入した人数	12人	>	2人	6分の1の購入者
	購入率	30%	>	3%	10分の1の購入率

ある程度減らしたほうがよい。これはジャムに限らず、パートナー選び
や会社選びでも同じだ。選択肢が多すぎると選べなくなってしまう。

　では、選択肢がないと不幸かというと、それは環境や文化によって大
きく異なるようだ。同じく『選択の科学』には「わが子の延命治療を続
けるべきか」という話がある。延命治療を中止すれば子は確実に死に、
延命治療を続けても死ぬ、もしくは重い障害が残るという状況下で、親
はどうするのかを、アメリカとフランスで調査した。アメリカでは、延
命治療の中止は親が決定し、フランスでは、親がはっきりとした異議を
申し立てない限り、医師が決定する。フランスの親は、治療結果がどう
あれ、誰一人として自分や医師を責めなかったそうだ。フランスの親た
ちの多くが、「こうするしかなかった」という確信を口にし、自分の経験
についても語ることができた。しかし、自分で判断をしたアメリカの親
たちは、「こうだったかもしれない」「こうすべきだったかもしれない」
という思いにとらわれる人も少なくなかったという。

活用　選択するには判断するための「軸」が重要

　選択するには、自分自身が何を大事にして判断するのかという「軸」
を決めておく必要がある。筆者の軸はSAS（Satisfaction from All Stakehold-
ers：関係者すべての満足）で、不幸な人を生まないかどうかで判断してい
る。あなたの判断軸は明確だろうか。

68 TCME を意識して説得する

説得力を高めるためには、相手に合わせて「伝え方を変える」ことが重要である。そのためには TCME の T（Target：伝えたい人）にとって、耳なじみのある言葉、知っている専門用語、見慣れた図・グラフなどを活用するのがポイントである

解説 相手に合わせた表現を使う

　TCME は **46** でも紹介した筆者の造語で、Target・Contents・Media・Expression の四つの単語の頭文字である。それぞれ、Target（ターゲット「誰に」）、Contents（コンテンツ「何を」）、Media（メディア「どのようなメディアを使って」）、Expression（表現「どのような表現を使って」）ということだ。ここでは、TCME の E「どのような表現を使って」について詳細に説明する。

　まずは Target、つまり説得したい相手の情報を入手する。具体的には、「年齢」「ライフステージ」「性別」「職業」「可処分所得」「家族構成」などのデモグラフィック変数（人口統計学的変数）はもちろんのこと、「習慣」「趣味」「嗜好」「価値観」といったサイコグラフィック（心理的特性）なども入手できると、さらに良いだろう。最近では、これらの情報はその人の名前をウェブ検索することで簡単に入手できる。昨今はさまざまなウェブサービスを通じて発信している人も多いので、容易に Target の詳細情報を入手できるのだ。情報を入手できれば、その人がどのような言葉に反応しそうなのか想像できる。例えば、いつもならダイレクトメールに反応しないのに「○○大学出身の人へ」というダイレクトメールだと開封してしまったり、自分の専門に近い用語が出ていると反応してしまったりすることはないだろうか。筆者がかつてリクルートの住宅関連事業にいたときは、住宅関連の専門用語が出てくる記事はついつい興味を持って読んでいた。

TCMEが整合していると説得力が増す

逆に、その人の興味・関心がない言葉を使うと、相手には伝わらない。例えば、数字が苦手な人に数字で説明しても全く伝わらない。このような人には、ストーリーで説明したほうが伝わる。筆者がかつて求人ビジネスの企画をしていたとき、現場の営業メンバーに「このようにすると転職効果が2割アップする」というデータを提示し、協力を仰いだ。しかし、なかなか協力を得ることができなかった。そこで、その企画を活用して転職できた個人に営業メンバーへの感謝のメッセージを話してもらい、それをビデオ撮影することにした。「皆さんのつくってくれた情報のおかげで、とてもすてきな職場を見つけられて、日々楽しく働けています。本当にありがとうございました」。このビデオを見た直後から、多くの営業メンバーは、この企画に協力してくれるようになった。

活用　共通点があると、さらに効果が高まる

出身地や学校が同じなど、自分と何らかの共通点があると、その人との距離が縮まる。入手した情報から自分との共通点を見つけて、それを親しくなるきっかけにするとよいだろう。SNSで発信している好きな映画や趣味などに共通点が見つかると、親しくなりやすいものである。

69 コールドリーディング

相手を説得するには、まず相手から信頼を得る必要がある。例えば相手に「私は、あなたよりもあなたのことをよく知っている」と信じ込ませることができれば高い信頼を得られる。それには、「コールドリーディング」という観察法、会話法が有効だ

解説 コールドリーディングの五つのステップ

コールドリーディングとは、「コールド：事前準備なし」で「リーディング：相手の心を読み取る」という意味である。一方、よく知っている相手の場合はウォームリーディング、探偵などを使って事前情報を集める場合はホットリーディングと呼ぶ。この手のリーディングは、分かりやすい例だと手品師、占い師、霊能者などが相手に自分の行動や言葉を信じ込ませるときにも使う。また、詐欺師やセールスマン、あるいは警察官が尋問をするときなどにも使っている。つまり、日常のさまざまな場面で使える技術なのである。ただし、ホットリーディングは人をだます場面で使われる、つまり悪用されるケースが多いようだ。コールドリーディングやウォームリーディングは上手に使うと、信頼を得ることもできる。また、技術を学んで意図して使っている人もいれば、この技術を知らずに結果として自然と使いこなしている人もいる。特にコールドリーディングは、推理小説の「シャーロック・ホームズ」シリーズ、テレビドラマの「トリック」「ガリレオ」シリーズなどの謎解きのフィクションでも使われている。

コールドリーディングのステップは次の五つからなる。一つ目は「相手の協力」である。例えば「私だけでも何となくイメージできるのですが、あなたと協力すれば、より明確になると思うのです」と協力を促す。こうすることで相手からより多くの言葉や情報が得られる。そして、二つ目は「相手への質問」である。まず相手をよく観察しながら、誰にで

コールドリーディングの五つのステップ

Step 1　相手の協力
Step 2　相手への質問
Step 3　相手の反応を探る
Step 4　情報を引き出す
Step 5　次のステップに移行

誰にでも当てはまりそうな内容の質問によって、相手から信頼を得る。人は「自分を理解してくれている」と感じた相手に信頼感を抱く

も当てはまりそうな質問をすることから始める。例えば、「あなたは自信が持てなくなるときがありますよね。特に知らない人と一緒にいるときです」といった具合だ。この質問で相手から「この人は私のことをよく分かっている」という信頼を得ることができる。三つ目は「相手の反応を探る」である。質問に対する反応で、相手は新たな情報を提供することになる。これらを基に質問を続け、推測が当たるとあなたへの信頼が高まる。外れたとしても毅然とした態度で、「あなたは気付いていないかもしれませんが、そのような側面があるのですよ」と伝えればよい。そして、四つ目が「情報を引き出す」である。質問を続けることで、相手の言葉に加え、質問への顔色、しぐさ、口調などから相手を知るための情報がどんどん増えていく。最後の五つ目が「次のステップに移行」である。ここまでくると相手に対しての質問の精度が高まっている。相手は多くを話していないつもりなのに、自分について言い当てられてしまった気分になる。こうなると、あなたへの信頼は大いに高まり、あなたの提案を受け入れる素地ができているというわけだ。

活用　人は自分の話を聞いてほしい

　人は相手に興味を持ってもらいたいものだ。つまり、話を聞いてほしい。だから、コールドリーディングで相手に質問をして話してもらい、それを繰り返すのは、相手との良好な関係をつくる上で理にかなっている。関係の質が高まれば、こちらの提案を聞いてもらえるのである。

70 ①白紙化→②根っこつくり→③インプット

> こちらの提案を受け入れてもらうには、相手の考えを変えることが必要なときがある。その際は①白紙化→②根っこつくり→③インプットという三つのステップが有効だ。なお、これは悪質商法への勧誘などでも使われているテクニックなので、悪用は禁物である

解説 悪質商法でも使う、相手の考え方を変える方法

　相手の考えを変えるための三つのステップを紹介する。これは、悪質商法への勧誘などにも使えるが、悪用は禁物である。一方で、この手順を知っていると、そのような勧誘への対策もできるので、知っておくこと自体はとても有用である。

　新卒採用で、企業が優秀な学生を口説く場面を例に説明しよう。学生Aさんは海外で仕事をしたいので、第一志望は総合商社である。企業B社は海外展開していないが、優秀な学生Aさんをなんとか採用したいと考えている。このような場合、どうすればAさんがB社に興味を持ってくれるだろうか。それには次の三つのステップを踏むとよい。まずは①白紙化。現在のAさんは海外での仕事を希望している。この考えを「白紙」、つまり、ない状態に変化させるわけだ。例えば、最初にAさんが海外で仕事をしたい理由の詳細を確認する。その理由が、海外だと大きな仕事ができるからだとする。しかし、大きな仕事は必ずしも海外でなければできないわけではない。つまり、Aさんが探すべきなのは海外で仕事ができる企業ではなく、大きな仕事ができる企業なのだと「白紙化」する。そして、次は②根っこつくりである。「白紙化」したAさんの企業選びの「根っこ」をつくっていく。例えば、大きな仕事ができるとしても10年後や20年後だとしたら、Aさんは魅力を感じないだろう。Aさんは「若いときから権限委譲されて、バリバリ働く」ことを志向すると仮説を立て、幾つかの軸を一緒につくっていく。これらの軸はB社に

相手の考えを変えるための三つのステップ

Step 1 　白紙化　　：視点を変える

Step 2 　根っこつくり：判断の軸を一緒につくる

Step 3 　インプット　：ネガティブ情報も含め、こちらのほうが良い
　　　　　　　　　　選択であることを刷り込み、その気にさせる

当てはまる内容が望ましい。Aさんの企業選びの軸（根っこ）が決まったら、次は③インプットである。例えば、B社では若いうちから権限委譲されるという情報や事例を共有する。あるいは総合商社の権限委譲の実態を伝え、活躍するにはB社よりも少し年数がかかるかもしれないという話もする。そもそも総合商社の場合、配属先によっては国内事業を担当する可能性もあるといった、うそではないがネガティブな情報もインプットする。これらを伝えることで、当初「海外で働きたい＝総合商社」と思っていたAさんの志望先としてB社が候補に挙がってくる。

　これを悪用しているのが、ねずみ講やオレオレ詐欺などへの勧誘である。例えば、オレオレ詐欺に誘う場合には、「短期で効率よく稼ぐのが重要」という②根っこをつくる。そして、「だまされる人はいずれ誰かにだまされるので、どうせそうなるなら自分たちが先にやろう」と③インプットする。加えて、「短期間で稼いで、すぐにやめれば問題ない」とインプットする。絶対に、このような話に乗ってはいけない。

活用　敵を知り己を知れば百戦危うからず

　中国の有名な兵法家である孫子の言葉の中に「敵を知り己を知れば百戦危うからず」という有名な教訓がある。敵を知って味方も知っていれば100回戦っても危険がなく、敵を知らずに味方だけ知っていれば勝ったり負けたりし、敵も味方も知らなければ必ず危険になる。悪人にだまされないためにも、この三つのステップを知っておこう。

💡 第14章に出てきた主な用語・フレーム

□ 感情の保留

□ ジャムの法則

□ TCME (Target：ターゲット／ Contents：コンテンツ／ Media：メディア／ Expression：表現)

□ コールドリーディング

□ ①白紙化→②根っこつくり→③インプット

📖 第14章に出てきた参考文献

シーナ・アイエンガー著、櫻井祐子訳『選択の科学——コロンビア大学ビジネススクール特別講義』文藝春秋、2010年

✏️ MEMO

第 **15** 章

指 導 力

71

四つのマネジメントスタイルを使い分ける

関連テーマ：3、42

多くのリーダーが知らない重要なことがある。それは、「人」単位でマネジメントスタイルを変えるのではなく、その人が担当している「ミッション」ごとに「指示型」「コーチ型」「援助型」「委任型」という四つのマネジメントスタイルを使い分けることである

解説 「人」単位ではなく、「ミッション」単位がポイント

　最近の経営を取り巻く環境は、変化が速く、不確実さ、複雑さ、あいまいさが増してきている。それに伴い、過去の経験則だけでは課題解決できない状況が増えている。さらにコロナ禍では、オンラインで仕事をした経験がないベテラン社員よりもデジタル・ネイティブと呼ばれる若手社員のほうがオンラインに適応し、デジタルスキルが高いことも少なくない。すなわち、ベテランだから権限委譲、新人だから指示命令といった「人」単位のマネジメントスタイルが効きにくくなっている。つまり、「人」単位ではなく、人が担当している「ミッション（役割や業務）」単位でマネジメントをする必要性が高まっている。しかし、実は「ミッション」単位でマネジメントスタイルを変化させる考え方は、最近出てきたものではない。マネジメントやリーダーシップの分野で高名なコンサルタントである K・ブランチャードは、1985 年に刊行した『1 分間リーダーシップ』（ダイヤモンド社）で、マネジメントのスタイルとして、以下の四つを挙げている。

①指示型（指示多×援助少）：リーダーは細かく指示・コントロール・監督をする。メンバーは頻度高く報告・連絡・相談をする。

②コーチ型（指示多×援助多）：リーダーは、メンバー自ら考えるように援助をし、必要に応じて指示する。メンバーは、定期的に報告をする。

③援助型（指示少×援助多）：リーダーは、聞き、促し、褒める。リーダーがプロジェクトメンバーに加わるケースもある。メンバーは、主体的

3×3マトリックスと四つのマネジメントスタイルの対応表

重要なのは、
ミッションごとに
考えること

能力・経験（スキル）

高
中
低

低　　中　　高
やる気（モチベーション）

委任型	・委任＝権限委譲する ・定期報告を受ける	・メンバー：定期報告をする ・リーダー：OBラインを越えない限り見守る
援助型	・褒める ・聞く ・促す	・メンバー：定期報告をする ・リーダー：プロジェクトメンバーとしてアドバイスする
コーチ型	・指示する ・援助する	・メンバー：週1、月1報告 ・リーダー：メンバー自ら考えるようにサポートする
指示型	・細かく指示する ・コントロールする ・監督する	・メンバー：日々報告 ・リーダー：日々確認、指示

に動き、定期的に報告する。

④委任型（指示少×援助少）：リーダーは委任し、事前に明示したOBラインを越えない限り見守る。メンバーは、定期的に報告する。

　四つのマネジメントスタイルは、メンバーと一緒に確認して決めるのが望ましい。その場合は、❶能力・経験と❷やる気の二つの軸から成るマトリックスのどこに当たるかで決める。❶能力・経験の軸は主にリーダーが判断し、❷のやる気の軸はメンバー本人の意見を優先させることがポイントだ。❶高×❷高の場合は「委任型」。❶高×❷中～低の場合は「援助型」。❶中×❷高～低の場合は「コーチ型」。❶低×❷高の場合は「指示型」になる。残りの❶低×❷中～低の場合は、そのメンバーをミッションから外して他の人に担当してもらうのが望ましいだろう。

活用　かつては二つのマネジメントスタイルだった

　かつては業務内容の変化が少なく、スキルアップ＝経験時間という職場も多かった。新人は経験時間が短い＝スキルが低い＝指示型、中堅社員は経験時間が長い＝スキルが高い＝委任型と分かりやすかった。現代のビジネスでは、リーダーに求められることが複雑なのである。

72 指示型

関連テーマ：49、71

> メンバーに指示をすることは、簡単そうに思えて案外難しい。ポイントは二つ。一つは「相手の持てる荷物の大きさにする」こと。もう一つは指示した直後に「メンバーの仕事の段取り（手順）を一緒に確認する」ことである

解説 「指示型」の場合の二つのポイント

「指示型」は **71** で説明した四つのマネジメントスタイルの一つである。スキルとモチベーションのマトリックスで見ると、「指示型」はメンバーの「❶能力・経験が低×❷やる気が高」の場合のマネジメントスタイルである。「指示型」の場合は、一般的に「指示多×援助少」のコミュニケーションになる。リーダーは細かく指示し、コントロール・監督をする。メンバーは頻度高く報告・連絡・相談をすることが求められる。新入社員や若手メンバー、あるいは対象業務の経験が少ないメンバーに対して実施するケースが多い。

「指示型」のマネジメントスタイルは簡単そうに見えるが、リーダーから「最近の若手は指示したこともできない」という話を聞くことがある。そのリーダーが言いたいのは、指示したこともできないメンバーに問題があるということだと思う。もちろんメンバーに問題があるケースもあるが、リーダーの指示の仕方に問題があることも少なくない。

「指示型」のマネジメントスタイルをうまく機能させるポイントは二つある。一つは「相手の持てる荷物の大きさにする」ということだ。「荷物」というのは、メンバーに与えるミッション・業務を表す例えである。能力・経験を兼ね備えた先輩メンバーであれば、大きくて重い荷物であっても持ち運びができる。しかし、能力・経験の少ない若手メンバーは、いかにやる気があっても重い荷物を持ち上げることができない。例えば、メンバーに売り上げを増やす方法を考えるように指示した場合、先輩メ

スキルとモチベーションのマトリックスで見た「指示型」の勘所

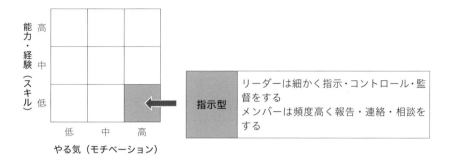

ンバーであれば、指示の意図をくみ取って営業活動を計画できる。しかし、若手メンバーだと、この「売り上げを増やす」という指示だけでは、テーマが大きすぎて荷が重すぎる。その場合は、例えば「売り上げ＝顧客数×売上額」と分解するとよい。自分の担当顧客一覧を見て、新規売り上げや追加売り上げを見込める顧客がいないかどうかを確認する。この段階でもイメージがつかめないのであれば、さらに分解して「売り上げ＝既存顧客数×既存顧客売上額＋新規顧客数×新規顧客売上額」としてみる。さらに地域、業種、価格帯、納品済み商品、面談者、顧客満足度などさまざまな軸で整理すると、売り上げ増に向けた打ち手が見えてくる。

　そしてもう一つは、メンバーに指示した直後に「メンバーが何をするのかを一緒に確認する」ことである。つまり、今後の仕事の段取り（手順）とどの程度まで「荷物の大きさ」を小さくするのかを確認する。これでメンバーが仕事を進められるかどうかを判断できる。

活用　メンバーが相談できる時間を明確にする

　リーダーが忙しくしている様子だと、メンバーはいつ相談したらよいのかタイミングが計れない。リーダーは、メンバーが相談できる時間帯を明確にしてメンバーに伝えておくとよい。朝会などを行っているのであれば、その場で時間を明確にして共有するのも有効である。

73

コーチ型

関連テーマ：32、71

広義の「コーチ型」は、「ティーチング」「トレーニング」「メンタリング」「カウンセリング」「指示」「コンサルティング」などのさまざまなスキルを駆使して、メンバーを育成し、成果に結び付ける総合的な手法で、リーダーに必須のスキルである

解説 メンバーが望むところに送り届ける

　「コーチ型」は 71 で説明した四つのマネジメントスタイルの一つである。「コーチ型」は、スキルとモチベーションのマトリックスで見ると、メンバーの「❶能力・経験が中×❷やる気が高〜低」の場合のマネジメントスタイルである。「コーチ型」の場合は、一般的に「指示多×援助多」というコミュニケーションになる。リーダーは、メンバーが自ら考えるように援助し、必要に応じて指示する。メンバーは、定期的に報告をする。

　コーチ（coach）は、もともと「馬車」のことを指し、「大切な人をその人が望むところまで送り届ける」という意味を含んでいた。転じて「その人の目標達成を支援する」という意味で使われるようになった。「コーチ型」のマネジメントスタイルを採る場合は、メンバーに対して、以下の四つを意識する必要がある。

・新しい気づきをもたらす

・視点を増やす

・考え方や行動の選択肢を増やす

・目標達成に必要な行動を促進する

　「コーチ型」と類似するものにティーチング（教える）、コンサルティング（答えを導き出す）などがある。ただし、狭義の「コーチ型」では、単に「教える」「答えを導き出す」ことはしない。その代わりに、対話（問い掛ける・聞く）を通して、メンバーからさまざまな考え方や行動の選択

スキルとモチベーションのマトリックスで見た「コーチ型」の勘所

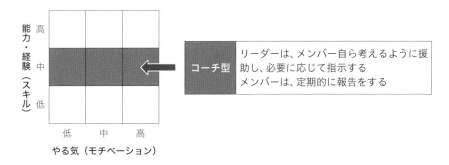

肢を引き出す。また、広義に「コーチ型」を捉えると、「ティーチング」「コンサルティング」だけでなく「トレーニング」「メンタリング」「カウンセリング」「指示」などのさまざまなスキルを駆使して、メンバーを育成し、成果に結び付ける総合的な手法ともいえる。

　そんな「コーチ型」がうまくいかないケースがある。それは、コーチ役のリーダーに対してメンバーの依存度が高い場合である。本来「コーチ型」はメンバー自らの変化を促進する手法だ。スポーツでも実際にゲームを行うのは選手である。あくまでもコーチはサポート役なのだ。1on1ミーティングでも、メンバーがコーチ役のリーダーに答えを求めてしまい、うまくいかないケースが散見される。

　加えて、メンバーの態度に問題があるケースもある。コーチのお手並み拝見という態度を取り、十分な情報を提供しない場合だ。情報提供しないのだから、全く無駄な時間になってしまう。また、リーダー側も名ばかりコーチで、「ティーチング」を実施しているケースも散見される。当然、何の成果も生み出せない。

活用　コンフォートゾーンから脱出させる

　優秀なコーチは、メンバーを慣れ親しんだコンフォートゾーンから脱出させ、新たな学びが必要になるラーニングゾーンにチャレンジする意欲を高める。新たな学びに挑んでいくことで、メンバーは成長する。

74 援助型

関連テーマ：71

> 「援助型」を行うリーダーのことを、最近では奉仕型リーダー、サーバントリーダーと呼ぶこともある。メンバーが働きやすいように奉仕・援助する。「サーバント」は英語で「使用人」「召し使い」「奉仕者」という意味がある

解説 上司が１人のメンバーとしてプロジェクトに参加

「援助型」は **71** で説明した四つのマネジメントスタイルの一つである。「援助型」は、スキルとモチベーションのマトリックスで見ると、メンバーの「❶能力・経験が高×❷やる気が中～低」の場合のマネジメントスタイルである。「援助型」の場合は、一般的に「指示少×援助多」というコミュニケーションになる。リーダーは、聞き、促し、褒める頻度を高める。また、リーダー自身がプロジェクトメンバーとして加わるケースもある。メンバーは、主体的に動き、定期的にリーダーに報告することが求められる。

この「援助型」マネジメントスタイルのことを、昨今は「サーバントリーダーシップ」と呼ぶことがある。これは1970年ごろにロバート・K・グリーンリーフによって提唱された考え方で、最近再び注目を浴びている。その理由として、ビジネスの環境変化が一層と激しくなったことが挙げられる。日々変化する環境の中で、多様な人材が集まり、かつスピード感をもって業務遂行をすることが求められる。変化に対応するためには、１人のリーダーが統率するよりも、変化に日々接しているメンバーに寄り添うマネジメントが求められるようになってきているということである。

また、リーダーも、変化が激しく専門性が求められる中、メンバーが担当する業務すべてに自分自身が習熟しているわけではないケースが増えてきている。つまり、メンバーのほうがその業務を遂行できるケース、

スキルとモチベーションのマトリックスで見た「援助型」の勘所

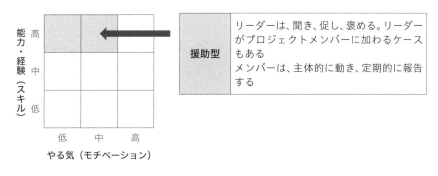

あるいはチームメンバーの誰もが初めて取り組むようなケースが発生する。このような場合、リーダーはメンバーを応援・援助する必要があるわけだ。実際、筆者がリクルートに在籍していた当時、所属していた事業の役員が「援助型」マネジメントスタイルを発揮したことがあった。役員は、担当事業が最大でどのくらいまで拡大できるかを把握したかったが、その事業分野での経験や知見が限られていた。そこでプロジェクトマネジャーを筆者に委任し、事業経験の長い幹部をプロジェクトメンバーに任命し、役員自身も1人のメンバーとしてプロジェクトに参加した。役員は、プロジェクト内では上司として振る舞わず、メンバーの1人としての役割に徹して、周囲の参加者が仕事をしやすいように援助・奉仕を行っていた。当初は役員の姿勢にプロジェクト参加者も戸惑っていたが、徐々に慣れ、気持ちよくプロジェクトを進めることができた。役員の「援助型」マネジメントスタイルのおかげもあり、プロジェクトは大成功。その後の売り上げが右肩上がりを続けるきっかけとなった。

活用　自分で「奉仕型」という人は眉唾かもしれない

「自分はサーバント（奉仕型）リーダーシップを発揮している」という人がいる。しかし、筆者は「本当かな？」と疑ってしまう。「サーバント」とは「使用人」「召し使い」という意味を持つ。そのような人たちが自分からこのような主張をするはずがないからだ。

75 委任型

関連テーマ：3、42、71

> メンバーに権限を委譲するのが「委任型」。しかし、リーダーは「メンバーに委任したので細かいことを聞いてはいけない」、メンバーは「委任されたので自由にできる」とそれぞれ勘違いをするケースが多い。正しい委任にはルールが必要だ

解説 ゴール、ルール、OB ライン、報告事項を確認する

3 で触れたように、業務はメンバーに正しく「委任」しなければならない。まず必要条件として、メンバーが、その仕事を実行できる高いスキルや豊富な経験を保有し、かつその仕事を担当するモチベーションが高いときに「委任」はうまくいく。まず、これを確認することが重要になる。

ところが、多くの組織で「委任」を勘違いしている事例がある。その勘違いはリーダー、メンバーの相互にある。まずリーダーの勘違いは、「メンバーに委任したので細かいことを確認してはいけない」というもの。状況が順調に推移していれば問題ないが、状況が悪化した場合、現状を把握したくなる。ところが、この勘違いのせいでリーダーが動けないというものである。

一方、メンバーは「委任されたので、いろいろ自由にやってよい」という勘違いをしてしまう。その結果、リーダーに相談もせずに進めてよいと思ってしまう。かつて筆者がいた組織でも、子会社の社長が執行役員にある案件を委任したところ、その執行役員が自分の権限を拡大解釈し、暴走した。まさに、この勘違いが原因だった。本来 1000 万円以上の案件は社長の決裁が必要なのだが、それを二つのプロジェクトに分割することで、形式上、執行役員である自分で決裁できるようにし、社長に報告せずに案件を進めようとしていたのだ。筆者はその子会社の役員会のオブザーバーになっていたので、「この二つのプロジェクトは実質一つ

スキルとモチベーションのマトリックスで見た「委任型」の勘所

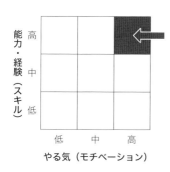

委任型	リーダーは委任し、事前に明示した OB ラインを越えない限り見守る メンバーは、定期的に報告する	

であり、執行役員では決裁できない」と問題点を指摘することで、事なきを得た。

　では、どうすればよいのか。委任するときにリーダーは、❶ゴール、❷ゲームルール、❸OB ライン（やってはいけないこと）、❹報告事項（定期的にリーダーに報告する内容と頻度）の四つをメンバーと確認しておくことが大切だ。ゴルフに例えると、❶全体で〇位以内に入る、❷クラブでボールを打ってホールに入れ、打数の少なさを競う、❸OB ラインを越えてはいけない、となる。そして、メンバーは❹定期的にスコアボードで打数と順位を見られるようにしておく、ということだ。

　これらを委任時に整理・確認しておくと、リーダーとメンバー間の不要な疑心暗鬼を防ぎ、正しく委任、権限委譲ができる。

活用　リーダーはメンバーに業務を委任し、未来を考える

　メンバーに業務を委任することで、リーダーは新たな時間を創出できる。その時間でリーダーは組織の未来を考えるのだ。

　リーダー以外に本気で組織の未来を考えられる人はいない。リーダーが組織の未来を考えなければ、当然、その組織は早晩、成長が見込めなくなる。

💡 第15章に出てきた主な用語・フレーム

□ 四つのマネジメントスタイル（指示型／コーチ型／援助型／委任型）
□ スキルとモチベーションのマトリックス
□ 相手の持てる荷物の大きさ
□ サーバントリーダーシップ

📖 第15章に出てきた参考文献

K・ブランチャード、P・ジガーミ、D・ジガーミ著、小林薫訳『1分間リーダーシップ——能力とヤル気に即した4つの実践指導法』ダイヤモンド社、1985年

✏️ MEMO

第 **16** 章

ほ め 方

76 「ほめる」の種類と意味を把握しよう

関連テーマ：4、43、44

「ほめる」には「褒める」と「誉める」の二つの表記がある。同じ意味なので、どちらを使っても間違いではないが、ここでは「褒める」と「誉める」の微妙な違いと、「感謝」を含めた広義の「ほめる」について知っておこう

解説 広義の「ほめる」は、メンバーへの感謝を含む

「ほめる」には2種類の漢字「褒める」と「誉める」がある。ちなみに「褒める」は常用漢字表にある読み方で、「誉める」は表外読みだ。だから公用文や新聞では「褒める」が使われる。ただし、私たちが一般的に使う文章では「褒める」と「誉める」の意味は同じなので、どちらを使ってもよい。しかし、成り立ちの違いから使い分けを求める人もいるので、両者のニュアンスの違いを知っておくとよい。

「褒める」は「褒美」という言葉に使われる。つまり、「褒める」は、上の立場から下の立場に対して「ほめる」ニュアンスがある。したがって、目上の立場の人に対しては使わないほうが無難である。一方の「誉める」は「名誉」という言葉に使われる。つまり、「誉める」は才能や努力を評価するというニュアンスがある。目上の人を「ほめる」場合は、この「誉める」を使うほうが無難だろう。しかし、そもそも「ほめる」行為自体が相手を評価することである。そのため、目上の人を「ほめる」こと自体を失礼だと思う人がいることは覚えておこう。せっかく相手を称賛したつもりが、嫌な気分になられては本末転倒である。では、どうすればよいのだろうか。

筆者は「ほめる」をより広義に捉えることをお勧めしている。それは「感謝」や「共感」である。したがって、本項でいう「ほめる」は「褒める」あるいは「誉める」だけではなく、「感謝」などを含めてのニュアンスであると理解してほしい。「感謝」については、**4**、**43**、**44**でも取り

「ほめる」は感謝に通じる

広義の「**ほめる**」＝感謝

褒める
目上の者が
目下の者をほめる

誉める
才能や努力を
評価する

上げている。ポジティブ心理学では、日々の「感謝」をすることを勧めている。1日の終わりに五つ感謝（三つとしている文献もある）をする習慣を持つ。すると、自分がポジティブになるのだ。これをするためには、その日あった出来事を思い起こす必要がある。そして、五つ感謝をピックアップするには、その日にコミュニケーションを取った人たちについて考えなければならない。「ほめる」ためには、相手のことを思い出さないとできない。そして、その「感謝」をメモにして、すぐに相手に（チャット、メールなどで）伝える。さらに次回会った際にも再び感謝を伝える。これを継続すると、周囲の人たちとの関係性が驚くほど変わる。

　ただ、毎日五つ感謝するのは決して簡単ではない。そこで中尾塾（経営者育成塾）の参加者に勧めているのが「1日1感謝」だ。毎日1人「ほめる」ことを継続する。1人だけでも、継続していくとメンバーとの関係性が大いに改善するのでお勧めだ。

活用　感謝の反対語は「当たり前」そして「無視」

　感謝の反対語は何か。それは「当たり前」だ。メンバーが何かしてくれても「仕事なので当たり前だ」と感謝を伝えないリーダーが多い。それは結局、相手を「無視」しているのと同じだ。無視される職場をメンバーが辞めたくなるのは当然だろう。

「ほめる」効果を学ぶ前に
知っておくこと

広義の「ほめる」に含まれる「感謝」や「共感」を伝える習慣をつくることで、メンバーとの関係性は大きく向上する。ただし、「ほめる」前にもっと大事なことは、関係性を壊すような「嫌われる」言動をしないことだ。メンバーから嫌われる言動を不用意に発することはやめよう

解説 嫌われる言動を慎む

　広義の「ほめる」に含まれる「感謝」や「共感」を言葉にすることにはさまざまな効果がある。しかし、その「ほめる」を台無しにすることがある。それはメンバーに対して「嫌われる」言動をすることである。

　かつて筆者は、メンバーと仲良くなるために（思ってもいないのに）「褒める」ことが重要だと勘違いしていた。ところが、あるコーチングの専門家のアドバイスを受けて、その勘違いが解消した経験がある。それは「人と仲良くなるのは簡単だ。『嫌われる』言動をしなければよい。たったそれだけで関係性は良くなる」ということだ。思ってもいないことを「褒める」のは心苦しいものである。しかし、「嫌われる」言動をやめることはできる。一般的に「嫌われる」言動とは、例えば「メンバーの発言に対して『否定』から入る」「自分が間違っていると分かっているのに『謝罪できない』」「『言い訳』をする、『うそ』をつく」「『不満』や『愚痴』あるいは『自慢話』や過去の『武勇伝』ばかり話す」「人の話を『聞かない』」「メンバーを自分の思いどおりに『コントロール』する」「気分や機嫌で『言動が変わる』」「何でも『ネガティブ』な話をする」「『自己中心的』な言動をする」「過度に『干渉』する」「メンバーの失敗やプライベートの話を『ネタにする』」「『意地悪』をする」、そして一番たちが悪いのは、上記のような言動をしているのに、その"自覚"がない人である。これらの『　』で表記した言動をしなければ、メンバーとの関係

嫌われる言動をしないことが大前提

行動様式 ♡	無神経に人のあら探しをする／人の話に聞く耳を持たない／感情的になりやすい／人によって態度を変える／気分や機嫌で言動が変わる／いつもイライラして不機嫌／マイナス思考／自己中心的で人に手を貸さない／意地悪をする／自分の非を認めず、謝らない／人を自分の思惑どおりに動かそうとする
言動 💬	悪口を言う／否定的な言葉を使いがち／自分の自慢話や武勇伝ばかり話したがる／不満や愚痴などのネガティブな話が多い／威圧的な物言い／一言多い／口が軽い／空気が読めない／上から目線の話し方をする
仕事 💼	社会人としての常識に欠ける／ミスをすると言い訳をしたり、うそをついたりする／仕事に対する責任感がない／時間やお金にルーズ／協調性がなく、チームの和を乱す／仕事中に雑談や離席が多い

性は向上する。これを学んだ筆者は早速実行に移した。すると、驚くほどメンバーとの関係性が向上した。しかし、過去の自分を振り返ると、穴があったら入りたいような言動をしていた。例えば、不必要な一言を加えることで人格・能力を傷つけてメンバーのやる気をそいでいた。具体的には、（何か叱責した後で）「結局、あなたはやる気がないのですよね」「言われたことくらいしてくださいよ」。リーダーがこのような言動をすると、他のメンバーも追随するようになる。そして、それがメンバーを無視する、あるいはバカにするという行動につながるのである。

　つまり、広義の「ほめる」以前に、リーダーは、このような「嫌われる」言動を慎むべきである。筆者の場合、時間はかかったが、これを意識してからチームの雰囲気は良くなった。

活用　ハラスメントをしないのは当たり前

　20世紀は、各種のハラスメントは職場で当たり前だった。しかし、21世紀になって20年以上が過ぎた今、パワハラ、セクハラ、モラハラはもちろんのこと、リーダーはすべてのハラスメントをしないのが当たり前という認識を持つことが必要である。

78 ○の「さしすせそ」、×の「たちつてと」

関連テーマ：4、56

> リクルート時代の先輩に教えてもらった、褒める際に有効な「さしすせそ」と、使わないほうがよい「たちつてと」を紹介しよう。これらはさまざまな場面で活用できる。これらを参考にして、自分なりの褒め言葉を増やしていくとよい

解説 褒めるボキャブラリーを増やそう

　いざ、誰かを褒めようと思ったときに、とっさに適切な言葉が出てこないことがある。それを防ぐための語呂合わせである。これらを参考に、自身のオリジナルの褒め言葉を増やしていくとよい。それでは、まず「褒め言葉のさしすせそ」である。

さ：さすが！　最高！「最高の結果だね。さすがだね！」

し：知らなかった！「それは知らなかったよ、おかげで助かった！」

す：すごい！　すばらしい！　すてき！「いやー、本当にすごいね！」

せ：センスがある！「この仕事、センスあるよね」

そ：そうだね！　そのとおり！「本当にそのとおりだね」

　いかがだろうか。メンバーの言動に対して、リーダーからこのようなリアクションがあればうれしくなるだろう。

　ちなみに、筆者が主宰する中尾塾では、毎日グループコーチングを実施している。その際のコメントをピックアップすると「やると決めたことがすべてできた週だったね。すばらしい！」「きちんと工数の予実を把握しているのがすごいね」「これに気付くとはセンスあるね」などと「褒め言葉のさしすせそ」を活用している。

　では反対に、使わないほうがよい「たちつてと」も触れておこう。

た：大したことない「そんな提案、大したことないよ！」

ち：違う「違う。何度言ったら分かるんだ！」

つ：つまらない「あなたの話はつまらない！」

OKワードとNGワード

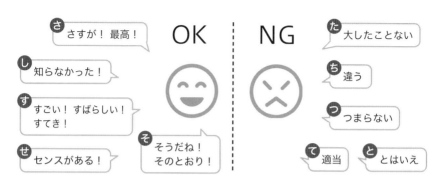

て：適当「その案件、適当にやっておいてよ」

と：とはいえ「とはいえ、うちの会社では難しいよ」

　どうだろうか。このようなことを言われたら、メンバーはやる気がなくなってしまうだろう。自分が言われて嫌なことはしない。それがコミュニケーションの基本である。特に否定から入るコミュニケーション、例えば「違う」は避けたほうがよい。本質行動学に基づいた実践的なマネジメント講座を提供する EMS（Essential Management School）代表の西條剛央氏は「肯定ファースト」を掲げている。西條氏は東日本大震災の際に3000人のボランティア団体をマネジメントした人だ。集まった人々の被災地を支援しようとする思いは共通だが、お互いに人間関係はない。このような団体では「まず相手の発言を肯定する（受け入れる）ことを最初（ファースト）にしよう」ということである。否定するのではなく、まずは受け入れる。これだけで関係性が良くなる。

活用　恋愛にも活用できる「さしすせそ」

　本項で紹介した「褒め言葉のさしすせそ」は恋愛にも活用できる。当然と言えば当然だ。恋愛も対人コミュニケーションである。まずはパートナーを相手に「さしすせそ」を活用してみてほしい。自分の好きな人を褒められない人は、他の人も褒められないだろう。

大盤振る舞いして褒める

関連テーマ：4、61

> 日本の社会では「褒める」機会が圧倒的に少ないように感じる。仕事だからやって当たり前。失敗は叱るくせに、うまくいっても褒めない。逆に"大盤振る舞い"で褒めてみてはいかがだろうか

解説 さまざまな観点でメンバーを表彰しよう

筆者が在籍したリクルートの卒業生（リクルートを退職した人をこう呼ぶ）には、在籍時にトップセールスや MVP（Most Valuable Player：最優秀プレーヤー）を獲得した人が多数いる。これは何も経歴を詐称しているわけではない。リクルートは大盤振る舞いで褒める会社なのである。筆者が営業担当だったころの話だ。例えば、月間目標を達成したら褒める。Q（クォーター：四半期）目標を達成したら褒める。半期目標、通期目標を達成したら褒めて、インセンティブを付与する。また、それぞれの期間で最も頑張った営業担当者は MVP として褒める。これを営業部ごと、事業部ごとに実施する。MVP は場合によっては目標額の多寡でヘビー級、ミドル級、ライト級、新人などクラス分けをして褒めていた。さらに、年間では四半期すべての目標を達成すると、さらに褒められる。筆者のいた事業部では、表彰式で赤いブレザー（通称：赤ブレ）を着て表彰された。この赤ブレを着ることがトップセールスの証しだった。また、その赤ブレの中で1人だけが年間の MVP として青いブレザー（通称：青ブレ）を着て表彰される。この人はまさにトップオブトップセールスという位置づけである。これらが毎年、各事業部で実施されるため、トップセールス、MVP がたくさん生まれるわけだ。

褒めるだけではない。表彰の場では、自分の営業の成功エピソードをみんなの前でプレゼンテーションしてもらう。これにより、営業ノウハウが他のメンバーに波及する。いわゆる、ナレッジマネジメント（知恵の共有）である。通常、ノウハウを隠そうとする営業担当者が少なくない。

褒めることで組織全体の業績を高めるように仕組み化する

　しかし、リクルートには営業ノウハウを収集・分析する専門部署があり、そこが表彰された営業担当者にインタビューをして、ノウハウを共有化するのである。このような仕組みにより、ナレッジマネジメントの実効性を上げていく。つまり、褒めることが組織全体の業績を高める仕掛けになっていた。また、表彰する際のリーダーによる表彰状の文面もオリジナリティにあふれていた。何がポイントだったのか。何を評価したのか。そして、今後何を期待しているのかが書かれている。書く側のリーダーも文章を考えるのに真剣勝負だ。

　また、褒められるのは営業職に限らない。技術職でも、スタッフ職でも、技術開発や新規事業開発という名目で褒める。そして、同じくナレッジマネジメントを行うわけだ。褒めることを仕組みとして実施することで、業績向上にも寄与しているのである。

活用　褒めることを照れずに継続するのがポイント

　今まで褒めてこなかった人が褒め出すと、周囲に驚かれることがある。しかし、ここで照れてやめてしまっては意味がない。あるいは、本人は褒めているつもりでも、相手からリアクションがなくスルーされることもある。どちらにしても、やめないで継続するのがポイントだ。

人はほめられると自己肯定感が高まる。しかし、ほめる際には気を付けるべき点がある。それはどのようなポイントをほめるかということだ。社会的自己肯定感ではなく、基本的自己肯定感を高めるほめ方が重要である

解説 基本的自己肯定感を重視しよう

　自己肯定感は「Self-esteem」を訳した言葉で、「自尊感情」と訳されることもある。自己肯定感の研究によると、社会的自己肯定感（社会的自尊感情）と基本的自己肯定感（基本的自尊感情）とに分けられる。社会的自己肯定感は他者との比較で得られる優越感のようなものであり、基本的自己肯定感は、成功や優越とは関係なく、あるがままの自分を認めることである。

　一般的に、社会的自己肯定感は壊れやすいといわれる。「AさんのほうがBさんより売り上げが多い」「Cさんの営業成績は、部内でいつも1番」など他者との比較による肯定感だからだ。この他者よりも優位な状態が続けばよいが、失敗して成績が落ちる、叱られるなどささいなことをきっかけに状況が変化して、この社会的自己肯定感が急に壊れてしまうことがある。自己肯定感がどんどん膨れていっても、少しの圧力でしぼんだり、破裂してしまったりするわけだ。

　一方、基本的自己肯定感は他者との比較ではなく、自己の存在をあるがまま認め、かけがえのない存在と認識するものである。例えば「自分は、これでいい」「自分は仲間に大切にされている」といったものである。優秀なリーダーは、ありのままのメンバーを受容することができ、この基本的自己肯定感を高めるほめ方が上手だ。

　例えば、結果が出なかったメンバーに対して「今回の取り組みは、今までにない方法で、きっと今後これが役立つよ」とプロセスをほめる。

基本的自己肯定感を高めるほめ方、接し方

❶他者とではなく過去の本人と比べてほめる
❷結果ではなく過程をほめる
❸失敗しても挑戦したことをほめる
❹相手の気持ちに共感する

　あるいは「ナイスチャレンジ。まずはチャレンジしたことが重要なんだよ。これからもチャレンジしていこう」と挑戦した姿勢をほめる。または「結果は出なかったけれど、以前のAさんと比較すると大きな進歩が見られたよ。あと少しだから粘り強くやり続けよう」と、本人も気付かなかった、過去の自分よりも成長・進歩した点をほめる。

　究極的には、メンバーの存在そのものを受け入れることも必要である。落ち込んでいるメンバーに黙って寄り添い、場合によっては相手の話に付き合うことも同様の効果がある。つまり、成果が上がらなかったとしてもさまざまなポイントを見つけてほめる。それもできない状態であれば、存在自体を認め、このチームにいてよいのだと伝える。

　メンバーが成果を上げたときに褒めるのは比較的簡単である。大事なのはそうではないときだ。メンバーが落ち込んでいるときに、メンバーを承認し、いかに基本的自己肯定感を高められるかが重要である。

活用　ほめられたら、一言「ありがとう」

　ほめるのが苦手な人が多いように、ほめられるのが苦手な人も少なくない。ほめても「そんなことありません」と謙遜（けんそん）したり、否定してしまったりする。相手がほめてくれたら、一言「ありがとうございます。うれしいです」と素直に答えるコミュニケーションを心掛けよう。

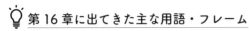 **第 16 章に出てきた主な用語・フレーム**

- [ ] ほめる (褒める／誉める)
- [ ] 1日1感謝
- [ ] 「褒め言葉のさしすせそ」(さすが！　最高！／知らなかった！／すごい！　すばらしい！　すてき！／センスがある！／そうだね！　そのとおり！)
- [ ] 使わないほうがよい「たちつてと」(大したことない／違う／つまらない／適当／とはいえ)
- [ ] ナレッジマネジメント
- [ ] 基本的自己肯定感 (基本的自尊感情)

✎ MEMO

テレワークでの
コミュニケーション

81

テレワークは制約がある人に
やさしい

テレワークで仕事をしてみると、テレワークでの仕事は制約（場所
や時間、本人や家族の事情など）がある人にやさしいということに気付
いた人が多いだろう。人にはさまざまな制約がある。制約が多い人
にとって、テレワークはとてもありがたい

解説 子育てや介護をする人などに向くテレワーク

　20年ほど前、筆者が課長職になって本部に異動したときのことであ
る。2人の女性メンバーが退職を申し出てきた。理由は夕方以降に会議
が始まり、そこに参加できず、その議事録もなく、情報にアクセスでき
ないというものだった。当時のリクルートは夕方や夜から会議が始まる
のが当たり前だった。しかし、2人は子育てや家事があり、夜からの会
議に参加できなかったのだ。つまり、働く時間に制約があった。そこで、
筆者は会議を日中に変更することを約束した。たったそれだけのことだ
が、2人は退職を思いとどまってくれた。当時、筆者は働きたいだけ働
くことができた。つまり、時間の制約が少なかったのだ。

　こうした状況は子育てをしている人たちだけの問題だろうか。例えば、
本社で会議をする際には、不参加はもってのほかで、オンラインでの会
議ではなくリアルに参集するのがよいという人たちがいる。彼らはある
意味、「強者」なのだ。時間も場所も制約がなく、いつでも自分のいる本
社ビルに参加者を呼んで会議ができる。イメージでいうと、本社や本部
の偉い人たちだ。必要であれば、自分の部屋や会議室にいつでも部下を
呼びつけることができる立場にある。一方、会議のため、わざわざ出張
して地方から東京の本社に来る人は、（オンラインでできる内容だとしても）
数時間の会議のために、同じくらいの時間をかけて本社まで足を運ぶ。
もちろん、それだけの価値がある会議であればよいが、必ずしもそうで
ないケースも少なくない。しかし、地方から出張で本社に来る人は決し

テレワークの効果

👤 従業員

❶家族と過ごす時間や趣味の時間が増えた
❷育児や介護等と仕事の両立が可能となった
❸自律的に仕事を進めることができる能力が強化された
❹仕事の満足度が上がり、仕事に対する意欲が増した

🏢 企業

❶優秀な人材の確保や雇用継続につながった
❷従業員のワーク・ライフ・バランスの向上につながった
❸資料の電子化や業務改善の機会となった
❹通勤費やオフィス維持費などを削減できた
❺非常時でも事業を継続でき、早期復旧もしやすかった

資料出所：厚生労働省「テレワークを活用してみませんか」から一部抜粋

て文句を言わない。言うと本社の偉い人に嫌われてしまうからだ。

　子育てをしている家族は、独身者に比べて広い家が必要だ。その結果として、郊外に住む可能性が高くなる。つまり、通勤時間が長くなる。その結果、早朝の会議への参加は厳しくなる。介護で時間に制約がある人も少なくない。このような分かりやすい制約以外にも、将来のキャリアアップのために仕事以外に時間を使いたいという人はたくさんいる。そういう人は、会議に参加するためだけに通勤時間をかけるのはもったいないと考えるだろう。オンライン会議であれば、移動の時間を削減できる。その時間を他の時間に活用できるわけだ。筆者は15年以上前からテレワークを活用して仕事をしており、その運用ノウハウを熟知している。そのおかげもあって、筆者の組織ではワーキングマザーの就業継続率が高まった。これからは、なにがなんでもリアルで集まって会議をするのがよいという考え方は、変えたほうがよいだろう。

活用　ストレスが減ったという報告も

　大手企業の人事部長が「新入社員のストレスレベルが下がった」と教えてくれた。その理由は、テレワークによって通勤時間がなくなり、満員電車のストレスがなくなったからだ。そして、社内での不要なリアルコミュニケーションが減ったことが要因だというのである。

82

オンライン or リアルではなく and が重要

> オンラインコミュニケーションとリアルコミュニケーションのどちらが良いかというのは全く不毛な議論である。実は 2000 年ごろに類似の議論があったが、or（どちらか）ではなく and（組み合わせ）だと結論が出ている。どう組み合わせるかが重要なのだ

解説 「あれかこれか」ではなく「あれもこれも」

　2002 年当時、筆者はリクルートの企画部門にいて、営業活動を科学することがミッションだった。当時のリクルートは "ザ・営業会社" で、営業活動で解決すべきテーマとして、「営業活動は、『顧客訪問』すべきか。『電話』を活用すべきか。『メールや郵送』を活用すべきなのか」ということを真面目に議論していた。

　当時は「ビル倒し」という営業活動をやっていた。「ビル倒し」とは、ビルの最上階から下の階に向かって、すべての会社に飛び込み営業をするという営業スタイルである。その一方で、営業電話をかけるという営業スタイルもあった。また、2002 年ごろには急速にパソコンが普及し、国内の事業所のパソコン保有率は 93.2% と 9 割に達し、インターネット利用率（個人）が初めて 50％を超えて 57.8％になった（総務省「通信利用動向調査」）。ちょうど時代が大きく変わり、営業活動も変わりつつあるタイミングだった。

　そのようなときに、筆者はフランスのビジネススクール INSEAD のマーケティングコースに行く機会を得た。そこでの講義で 1 枚のキーチャートを見せられた。それは 20 年後の現在から考えると当たり前の図である。しかし、当時は画期的だった。縦軸に顧客へのインパクト（強度）を、横軸にリーチの広さを取り、営業訪問、電話、郵送、メールの位置づけを図示していた。営業訪問は顧客へのインパクトは大きいが、リーチは小さい。つまり、活動量に限りがある。一方、メールは顧客へ

顧客へのアプローチ

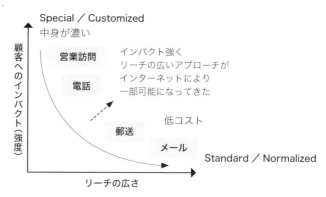

のインパクトは小さいが、リーチは広い。電話や郵送は両者の中間である。そして、今後はインターネットの普及に伴い、メールでの営業活動がより高度化するという講義内容だった。

では、この図をどう解釈すればよいのか。結論から言うと、それは「営業訪問 or メール」ではなく、「営業訪問 and メール」ということであった。つまり、顧客の状況に合わせて、営業訪問、電話、郵送、メールを組み合わせるとよいのだ。それは時代が証明している。20年たった現在、営業活動は様変わりし、まさにさまざまな営業手法を組み合わせて、しかも分業して実施するようになっている。

どうしてこんな昔話をしたのかというと、最近になって類似の話を聞くからだ。それは、テレワークが進展したのに、また出社させるかどうかという議論である。必ず出社しないとできない仕事は別だが、たいがいの会社は組み合わせて「良いとこ取り」をすればよいのだ。

活用 そもそも比較できないものを比較している

オンラインとリアルは、単純に比較すればリアルが良いに決まっている。だがこれは、強度が高い営業訪問と量が多いメール営業のように、単純に比較できないものを比較していないだろうか。つまり、オンラインが良いか、リアルが良いかという議論そのものがナンセンスなのだ。

83 非同期と同期を組み合わせる

> オンラインを活用して効率的に仕事をするには、三つのコミュニケーションを上手に組み合わせることだ。具体的には、二つの同期コミュニケーションと一つの非同期コミュニケーションを、その特徴に合わせて効率的に組み合わせるとよい

解説 3種類のコミュニケーションを組み合わせる

　メンバー間のコミュニケーションには、以下①②の同期コミュニケーションと、③の非同期コミュニケーション1種類の合計3種類ある。

①「時間と場所を同期」させる必要がある「リアルミーティング」

　参加者全員の「場所」と「時間」を一致させる必要がある。調整が難しいが、濃密なコミュニケーションができる（はず）。

②「時間を同期」させる必要がある「オンラインミーティング」

　参加者全員の「時間」を一致させる必要がある。調整は①より容易だ。ある程度は濃密なコミュニケーションができる（はず）。

③時間も場所も制約がないSlack等の「チャット」

　参加者の「時間」も「場所」も一致させる必要がない。調整は不要。気軽なコミュニケーションができる（はず）。

　同じ時間を使うことができれば、濃密なコミュニケーションは、①＞②＞③の順番になる。しかし、調整の手間は③＞②＞①の順で楽になる。また、①は1カ所に同じ時間に集まる必要があるので、コストや時間がかかる。ある意味で最もぜいたくな時間の使い方ともいえる。

　したがって、③チャットでできることは、迷うことなくこれで実施する。そして、その次に②オンラインミーティングでできることはできる限りそれで実施し、どうしても①リアルミーティングでないとできないことだけをリアルで実施するようにすればよい。つまり、① or ② or ③ではなく、①②③の特徴を理解した上で、① and ② and ③と組み合わせ

リアル、オンライン、チャットの違い

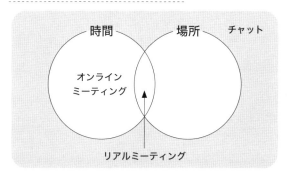

○…**同期コミュニケーション**
：相手が同じ時間や場所にいることで成立するコミュニケーション

…**非同期コミュニケーション**：相手が同じ時間・場所にいなくても成立するコミュニケーション。相手は即時に返答する必要はない

て実施するということだ。

　そう考えると、私たちが考えないといけないのは、①は濃密なコミュニケーションができるのだが、①でないと本当にダメかということを峻別(しゅんべつ)することである。実は、突き詰めるとリアルでないとできないことはないかもしれない。しかし、筆者がリクルート時代に全国組織を担当していたときは、あえて四半期に1度メンバー全員を東京に集めていた。私たちは、戦略などを変更する際の方針の徹底・浸透、つまり戦略のニュアンスを共有するにはリアルのほうがよいかもしれないという感覚を持っていた。また、リアルで会った際の「偶然の出会い」からもたらされる価値は、②③では代替できないとも感じていた。勤務地が異なるメンバー同士が休憩時間や会議の後の飲み会などで話した雑談の中に、イノベーションのタネがあったりする。これは事前に仕込んでいたわけではないが、かなりの頻度で交流が行われ、そこからさまざまな協働が始まり、イノベーションが生まれた。

活用　トップコンビニチェーンはリアルを大事にしていた

　店舗ビジネスの"王道"であるコンビニエンスストアを研究した際のことだ。トップシェアで他社よりも日商（1日当たり、1店舗当たり売り上げ）が10万円以上多い企業だけが、毎月スーパーバイザーを全国から集めて戦略や方針を徹底させていた。リアルを上手に使う事例の一つだ。

84

オンライン会議は録画を活用する

一般的に、リアルでの会議を録画しようとすると相手が身構えることが多い。しかし、オンライン会議ではリアルよりも録画のハードルが大きく下がった。録画をすると、自身の振り返り、欠席者との共有など、さまざまに有効活用できる

解説 録画は、さまざまなビジネスシーンで活用できる

　筆者は経営者と商談することが多いが、その商談途中で許可をもらって録画をすることがある。これは、その後の商談で、経営者から現場に話を展開する際に有効だからである。例えば、ある商談で、経営者と「進める方向で詳細化する」ことになった案件を、実際の業務に落とし込むために経営者の配下メンバーと打ち合わせをすることになった。その際に、経営者が丁寧に配下メンバーに筆者との商談の内容を共有してくれるとよいのだが、必ずしもそのようなケースばかりではない。そうすると、経営者の「進める方向で詳細化する」というニュアンスが伝わっておらず、新たに打ち合わせをするメンバーに最初から説明しなければならない。説明のために商談の期間が延びて、本来経営者が実施したかったタイミングで施策を打ち出せなくなってしまうケースも起こり得る。ところが、経営者と筆者とのやりとりの録画があれば、「進める方向で詳細化する」というニュアンスも過不足なく伝わる。結果、新しいメンバーともスムーズに打ち合わせを進めることができる。

　さらに、訪問商談でSlackなどのビジネスチャットツールを活用するのもお勧めだ。ある会社では、顧客先に営業2人で訪問する。1人が商談をし、もう1人がメモを取る。ただし、そのメモはSlackの商談チャネルとして社内で共有しているので、社内にいるメンバーがリアルタイムで状況を把握できる。状況把握をしているので、顧客からの質問や疑問に対して、商談先の2人だけではなく、社内の専門家全員でサポート

録画のメリット

❶ 事実だけでなく、微妙な言葉のニュアンス・臨場感を伝えることができる
❷ その場にいないメンバーや欠席者に情報共有ができる
❸ いつでも閲覧でき、見直すことが可能なので、内容を振り返って改善に役立てられる
❹ 後からでも内容の確認ができるので「言った、言わない」のトラブルを防止できる
❺ 議事録やレポートを作成する必要がなくなる

できるというわけだ。

　また、オンライン商談でも同様に、社内メンバーにSlackで状況をリアルタイムで共有し、サポートを依頼できる。1人で商談するよりも社内のメンバーにサポートしてもらったほうが間違いなく成約の確率は高まる。"三人寄れば文殊の知恵"というわけだ。

　また、筆者の会社の定例会議は、すべてオンラインでやっているが、毎回録画をしている。録画する目的は、一つは欠席者への共有が容易になることだ。丁寧に共有するのであれば、特定の時間帯を指定して、こごだけ見ておいてほしいと伝えればよい。これにより情報の離齬が小さくなる。もう一つは新しいメンバーに過去の会議のニュアンスなどを共有する際にも活用できる。結果として引き継ぎが効率化できる。

活用　商談もオンラインとリアルの組み合わせ

　筆者自身の商談は、ほとんどZoomで実施している。一度もリアルで会わずに受注し、オンラインで納品することもある。しかし、時にはリアルで会ってみて、その人となりを理解することで、すっかり打ち解けることもある。商談も組み合わせが重要である。

85 オンライン会議では オーバーアクションが重要

オンライン会議では、リアルの会議と比較すると参加者一人ひとりの顔を個別に見ることができる。そして、顔の表情やアクションが小さいと不機嫌そうに見えるので要注意。オンライン会議では2割増しのオーバーアクションがお勧めだ

解説 不機嫌は伝染して場の雰囲気を悪くする

明治大学の齋藤孝教授が2018年に出版した『不機嫌は罪である』（角川新書）を読むと、慢性的な不機嫌は自らをむしばむだけでなく、職場全体の生産性を下げ、トラブルやハラスメントの火種になるとある。確かに思い当たることがある。

リクルート時代にいつも怖そうな専門職の先輩がいた。その先輩は優秀で仕事ができるのだが、身体が大きくて、いつも不機嫌そうに見えた。だから本人に悪気はないのだが、若手を萎縮させてしまっていた。その結果、職場の関係の質が低下し、生産性が下がってしまった。この状態を放置できないと、先輩よりも年下の上司が意を決して、その先輩に話をしてくれた。「先輩の専門職のノウハウは、ぜひとも若手にも伝授してほしい。分かってほしいのは、世の中が変わったことです。若手が聞きやすい雰囲気をつくるのも仕事なんです。それができないのであれば、いかに成果を上げたとしても評価できないです。分かってください」

これをきっかけに、その専門職の先輩は、行動を変えて、にこやかな表情で社内報に登場した。そんな一面を見た若手たちは、先輩にさまざまなノウハウを学びに近寄っていった。こうした変化をきっかけに関係の質が高まり、生産性は高まった。

このエピソードは、リアルコミュニケーションでの話だが、オンラインでも同様だ。もしかしたら、リアル以上に機嫌が求められるかもしれない。オンライン会議ではディスプレイを通して、一人ひとりの顔をよ

オンライン会議での無表情はNG

り大きく見ることができるからだ。そして、無反応は拒絶しているように相手に受け取られるのである。本人にそれを指摘すると、「悪気はない」「一生懸命考えていただけ」といった反応が返ってくる。しかし、無反応＝拒絶と映ってしまい、その不機嫌が伝染して場の雰囲気を悪くする。

　これを防ぐために、筆者の仲間は、ミーティングの冒頭にオンライン会議では「笑顔」「うなずき」「相づち」が重要だというアドバイスをする。すると、面白い反応があるそうだ。若いメンバーは、すぐにアドバイスを実行するのだが、年長者や役職が高い人たちは、全くできていないのに自分はやっているというリアクションをする。結果として何も実行しない。本人には不機嫌に見られているという自覚がないのだ。

　そこで筆者は、オンライン会議の録画を見ることを勧めている。自分が話をしているとき、人の話を聞いているときの顔を確認すると、自分が不機嫌そうな顔をしていることに気付くかもしれない。

活用 『不機嫌は罪である』が教える「不機嫌臭」

　年齢を経ると特段不機嫌というわけでもないのに、不機嫌に見えてしまう「加齢臭」ならぬ「不機嫌臭」が出てくる。年を取って身体が硬くなり、心身の柔軟性が失われると表情も硬くなる。つまり、年を取ると、意識しなければ不機嫌に見られやすい。ご機嫌に見えにくいのだ。

💡 第 17 章に出てきた主な用語・フレーム

☐ オンラインコミュニケーション／リアルコミュニケーション
☐ 同期コミュニケーション／非同期コミュニケーション
☐ 録画のメリット
☐ 無反応＝拒絶

📖 第 17 章に出てきた参考文献

齋藤孝著『不機嫌は罪である』KADOKAWA、2018 年

MEMO

第 **18** 章

ファシリテーション

86

会議のファシリテーターの役割

関連テーマ：22

> ファシリテーターは「参加者の中に答えがある」と信じ、会議やプロジェクトを「より生産性が高い場にする」ことが仕事だ。その仕事は、司会者でもなく、コンサルタントでもなく、コーチでもなく、ティーチャーでもない

解説 「参加者の中に答えがある」と信じることが大事

　プロジェクトや会議などで生産性を高める仕事はたくさんある。コンサルタントはその最たるものだ。コンサルタントは、答えが分からないイシュー（課題）を参加者（顧客など）の代わりに発見し、解決策を提示するのが仕事である。ティーチャー（教師）は、一般的に答えがある内容だが、参加者が知らない知識や知恵を教えてくれる仕事だ。コーチは、ファシリテーターと役割は類似するが、一般的には個人に対し、その個人が目標達成するために成長や気づきを促す仕事である。司会者は、会議などを上手に進行する役割である。スムーズな進行を求められるものの、会議の質まで責任を負うことはない。そして、ファシリテーターは、チームや組織を対象に、プロジェクトや会議の生産性を高める仕事である。ただし、コンサルタントと異なり、自ら答えを出す必要はなく、参加者の中に答えがあると信じ、参加者の意見を引き出し、最終的に参加者の合意を得るのが仕事である。

　それぞれの役割のプロフェッショナルな人たちは、その役割を越えて、プロジェクトや会議がより円滑に進むようにスキルアップしている。例えば、コンサルタントの仕事が、顧客の代わりに課題発見や解決策の提示をすることだとしても、顧客に合意を得ないで仕事を進めてはうまくいくはずがない。参加者の意見を聞きながら仕事を進めて、解決策を実行に移す場合に現場の合意を得ておく必要がある。そのためには、ファシリテーター的な役割が必要になってくる。司会者も、いかに会議の質

ファシリテーターの役割

ファシリテーター

中立的な立場で、意見交換や討議のプロセスを管理し、チームワークを引き出すことで会議の成果が最大となるように支援する役割を担う。参加者の中に答えがあると信じ、参加者の意見を引き出し、相互の信頼関係と議論を促進するためのスキルが求められる

に責任を負わないといっても、うまくいかなければ、次回から仕事が回ってこない。同じくファシリテーション的なスキルを身に付けることで、会議の生産性を高めることを目指すべきだ。つまり、定義的には別の役割でも、さまざまな場面でファシリテーター的な役割が必要不可欠になっている。

　ファシリテーターのスキルについては、さまざまな書籍や認定資格があるので、ぜひそれらにも目を通してほしい。一番大事なのは、答えは参加者の中にあると強く信じることである。つまり、ファシリテーターは、コンサルタントではないので、自分自身で答えを出す必要はない。筆者はこれを学んだときに、とても肩の荷が軽くなったのを覚えている。ただ、自分で答えを出さなくてもよいのだが、参加者の中にある答えを見つけないといけない。そのため、参加者全員の意見を聞く必要があるし、不明点は質問をし続けることで解消しておく必要がある。

活用 業界の門外漢でもファシリテーターはできる

　ファシリテーションは、プロジェクトや会議の生産性を高めるスキルである。そして、その仕事は、参加者の中にある答えを見つけることである。つまり、その業界や業務について深い知識がなくても、ファシリテーションスキルがあれば、ファシリテーターはできるということだ。

87

チェックイン・チェックアウト

関連テーマ：22

> ホテルに泊まるときにチェックイン、出発するときにチェックアウトするように、会議を始めるときにもチェックイン、会議を終えるときにもチェックアウトをするとよい。関係の質が高まり、場が和んで有意義な会議になる確率が高まる

解説　会議の最初にチェックイン、最後にチェックアウト

　ホテルに泊まるときと同じように、会議の冒頭にも必ずチェックインをするとよい。ここでいうチェックインとは、今から始まる会議を有意義なものにするための儀式のことである。あなたは「1兆ドルコーチ」と呼ばれていたビル・キャンベルをご存じだろうか。彼はシリコンバレーのIT企業の経営者を中心にコーチングを行っていた伝説のコーチである。彼も会議の前にチェックイン的なことをしていた。ちなみに、彼がコーチをした経営者の企業の時価総額の合計が1兆ドルを超えていたので「1兆ドルコーチ」と呼ばれていた。彼がコーチをしたのは、アップルのスティーブ・ジョブズ、Googleのエリック・シュミット、ラリー・ペイジ、セルゲイ・ブリン、アマゾンのジェフ・ベゾス、フェイスブック（現メタ）のシェリル・サンドバーグ、有名な投資家のベン・ホロウィッツなど、そうそうたる人物である。そんな彼がチェックインを実践していたというと興味が湧いてこないだろうか。

　チェックインは、会議の最初に参加者一人ひとりに一言ずつ、現在の自分の状態や思っていることを発言してもらうこと。これにより場が和み、相互理解が進む。加えて、誰もが発言できる雰囲気が生まれ、参画意欲が増し、より良い雰囲気で会議を始めることができる。例えば、週末に旅行した人がいれば、その旅の話をしてもらう。もちろん旅行に限った話ではない。家族のことやプライベートの遊びのことでも構わない。つまり、直接仕事に関係ない話題を通じて、その人の家庭や仕事外の生

チェックイン、チェックアウト

「感謝」を軸とした展開例

チェックイン　→　チェックアウト

24時間以内に
あった感謝、
週末の楽しい
出来事

今感じていること、
会議への感謝

活をイメージすることで、参加者同士がお互いを知ることができる。その結果、参加者全員が、特定の専門家や責任者という肩書ではなく、一人の人間として会議に参加できるようになる。

　会議の冒頭で「旅をテーマに話をしよう！」という進め方でもよいのだが、アメリカでうまくいっている方法をそのままTTP（徹底的にパクる）してもうまくいかないケースもある。そこで、筆者が行うチェックインは少し変化させて、「24時間以内にあった感謝」を共有することにしている。感謝する対象は「人」である。会社の仲間でもよいし、プライベートの友人や家族でもよい。この「感謝」の交換をすると、その場が「共感」でつながりやすくなるのを体感してもらえるだろう。そして相互理解が進んだ上で会議を進めると、自由闊達な議論ができる可能性が高まる。さらに、会議の最後には、参加者一人ひとりに今感じていることや気になることを話してもらうチェックアウトを行う。筆者の場合、会議終了時に参加した会議への「感謝」を共有することで、参加した会議が良い場であったことをさらに再認識できるようにしている。「感謝」を軸としたチェックイン、チェックアウトはお勧めである。

活用　「感謝」の反対語は「当たり前」

　日本では「感謝」を言葉にする習慣が少ない。しかも大半のことは「やって当たり前」と感じているようだ。その結果、あなたのために何かをしている人たちは「感謝」されることもなく日々を過ごす。「感謝」を伝えるだけで、その人たちとの関係性は大きく改善するはずだ。

88 会議のアジェンダの Goal は4種類

> 会議に参加すると、何の前置きもなしに資料を説明し始める人たちがいるが、本来は会議のアジェンダごとに Goal（目的）を確認する必要がある。ちなみにアジェンダの Goal は①発散、②収束、③決議、④報告の4種類だ

解説 会議のアジェンダの Goal は四つに大別される

　会議では複数の案件が議題になるケースが多い。例えば、案件 A、案件 B、案件 C といった具合である。これら会議で取り扱う議題一つひとつのことをアジェンダという。これらのアジェンダごとに Goal を明確にしておかないと会議は意味を成さない。一般的に会議のアジェンダの Goal は①発散、②収束、③決議、④報告の四つに大別される。一つの案件の中では、基本的に①発散→②収束→③決議→④報告とステップが進んでいく。もちろん実際の会議では、案件 A の①発散、案件 B の④報告、案件 C の③決議、というように議題を立てることが多い。

　①～④の詳細を説明しよう。①発散とは、アイデアなどを出し合うことである。案件の初期に実施し、できる限り自由に意見交換を行う。いわゆるブレーンストーミングなどが有効な手法である。この①発散では、人の意見を否定するのはご法度だ。どのような意見であったとしても、まずは受け入れて、その意見に乗っかって、さらにアイデアを広げていくことが求められる。そして、①発散が十分にできた場合には、次のステップに進む。それが②収束である。このステップでは、①発散した内容を絞り込むために議論をする。②収束するのだから、①発散するのはご法度である。そして②収束で2～3個の選択肢に絞り込めたら、その次のステップに進む。それが③決議である。つまり2～3個の選択肢から一つを選ぶことになる。③決議が終了したら次のステップに進む。それが関係者への④報告である。③決議した内容を全員に④報告・共有す

会議を効率的に進めるには、アジェンダの Goal を明確にする

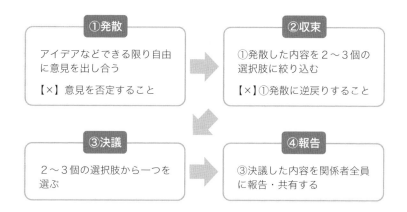

るということだ。

　アジェンダごとにこの①〜④を明記しておくことをお勧めする。これらを明記しておくことで、会議の参加者は求められている役割がはっきりするからである。①発散ではひたすらアイデアを広げることが参加者に求められる。リスクや実現可能性などは二の次である。しかし、この Goal を明示しておかないと、起案者は①発散のつもりが、参加者は②収束するための意見を出したりする。すなわち、自動車の運転でいうとアクセルを踏みたいときにブレーキを踏まれるような状態になってしまう。これは①発散に限ったことではない。②収束の際に、①発散しようとしたり③決議しようとしたりするのも同様である。アジェンダごとの Goal を明確にするだけで、これらの混乱を避けることができる。

活用　Goal の次は Pre（事前準備）

　アジェンダの Goal を明確にできたら、その次は Pre（事前準備）である。例えば、①発散するためには何らかのインプットが必要だ。参加者には、①発散が目的なので、事前に考えてきてほしいと伝えておく。このように、会議の際には Pre（事前準備）が重要である。

89 会議の参加者の設計

関連テーマ：5、88

当たり前だが、会議の参加者設計はとても重要だ。最も重要なポイントは、参加人数を最小限に絞って実施することである。もしも、大人数で会議をしている会社や組織があれば、今すぐ参加者を絞り込むことをお勧めする

解説 会議の参加者は少人数を基本とする

　アマゾン創業者のジェフ・ベゾスが会議を開くときには「2枚のピザルール」に従っていたという。ピザ2枚をシェアできる人数で会議を開催するということだ。1枚のピザを8切れか12切れとすると、2枚だと16切れか24切れになる。ピザ2枚とした場合、1人3〜4切れは食べたいので、参加者は4〜8人ということになる。これくらいの人数が、思ったことを言いやすい人数ということである。ソフトウエアの開発手法の一つで、「俊敏な」という意味を表すアジャイル開発でも、1チームは5〜6人が標準であることが多い。これくらいの人数が一番俊敏に開発できるということである。

　あなたの会社で最も重要な会議、例えば経営会議の参加者は何人だろうか。もし、前述の2枚のピザルールよりも大幅に多いならば、かなりまずい状態である。2021年度の上場企業3795社の役員総数は3万9601人（東京商工リサーチ調べ）なので、1社平均10.4人という計算になる。あくまで平均だが、ピザ2枚では足りない人数だ。

　筆者は、かつてリクルートグループのIT子会社の社長をしており、他の子会社の役員会にも参加していた。その際に子会社の役員会が二つに大別されることを知った。まず、うまく運営している"イケてる"役員会は、少人数かつ意見が異なる人材によって構成されており、特に参加者は部門の利益代表ではない人が選ばれていた。アジェンダはトレードオフの関係にある案件を扱うため、議論する時間を多く取る。アジェン

イケてる会議とイケてない会議の違い

イケてる会議	イケてない会議

・参加人数が少ない
・議論に時間を使う
・disagree but commit

・参加人数が多い
・コンセンサス、報告に時間を使う
・agree but non-commit

ダ決議後の態度は、disagree but commit（もしも意見が異なっていたとしても、会議で決議されたら実行する）が徹底されていた。

　一方、まずい運営の"イケてない"役員会は、参加者は意見が類似している人や部門の利益代表を集めた大人数で構成されており、アジェンダは合意（コンセンサス）を得る案件に時間を多く配分していた。トレードオフの関係にある案件に関しては、事前の非公式な場で議論しておく"出来レース"を実施しており、役員会では議論が深まらない。アジェンダ決議後の態度は、agree but non-commit（その場は納得した様子だが、実際は実行しないことも多い）だった。さらに、メンバーに報告する際には、「私は意見が違ったのだが……」と言い訳を伝えがちであった。

　そもそも、イケてない役員会は参加者が多く、88で示した①発散や②収束アジェンダは稀で、大半は決まることがほぼ見えている案件の③決議と④報告であった。経営会議がこのような状況だから、他の会議のレベルは推して知るべしである。

活用　コンセンサス病から脱し、議長が決める

　日本の会議ではコンセンサスを重要視しすぎているきらいがある。そもそもコンフリクト（争い・衝突）がある案件は合意など得られない。議論は尽くして、そして最後は議長が③決議する。そして、決まったら参加者は実行にコミットする。そうした態度が重要である。

90

パーキングロットという保険

関連テーマ：86

ファシリテーションを学んだ際には多くの気づきがあった。そのうち、本項で紹介するパーキングロット（駐車場）という考え方は目からウロコが落ちるものだった。この考え方のおかげで、ファシリテーターをしている会議での突拍子もない発言が怖くなくなった

解説 議題とずれた意見はいったん退避させて本筋に戻す

　筆者がファシリテーションを学んだ際、さまざまなスキルを習得できたが、その中でも特筆すべきものは二つある。そのうちの一つが「パーキングロット（駐車場）」である。

　「パーキングロット」とは、会議の中で議題に関係ない発言が出た場合の対応スキルである。例えば、あなたが会議のファシリテーターをしていた際に、アジェンダに全く関係ない意見を言われた経験はないだろうか。筆者にはある。上司やとても賢い先輩が、突然、議題に関係ない意見を言い出す。参加者も理解できずに目が点になっている。しかし、上司や先輩の発言なので無視することもできない。すると、他のメンバーがそれに関係する意見を言い出して、会議のアジェンダと関係ない話で盛り上がってしまい、話を元に戻すのに一苦労したことがある。言い出した上司や先輩、それに乗っかった人たちのメンツをつぶさずに軌道修正するにはスキルが必要である。そこで登場するのがパーキングロットだ。関係のない意見が出て、会議があらぬ方向に進みそうになった際に、ホワイトボードの隅に大きな丸を描き、そこに「パーキングロット」と書く。そして、「その意見はとても重要だと思う。ただ、今回のアジェンダとは直接つながっていないように見える。そこで、重要な意見を一時的に駐車しておくこの『パーキングロット』に記載しておく。そして、会議終了前に、ここにある意見について本日、あるいは今後の対応を決めたいと思う。重要な可能性があるので後で議論しよう」と言う。そし

パーキングロットを有効活用する

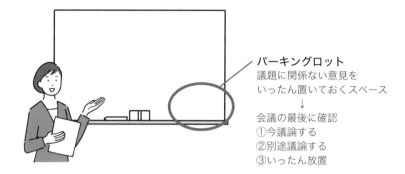

パーキングロット
議題に関係ない意見を
いったん置いておくスペース
↓
会議の最後に確認
①今議論する
②別途議論する
③いったん放置

て、アジェンダの議論を元に戻すわけだ。ポイントは、一見突拍子もないように聞こえる意見だとしても、それを重要だと伝えることである。そうすることで、その人のメンツをつぶさずに済むことになる。そうした意見は、会議の最後に確認すると、もう既に話し合ったので継続議論しなくてよい、となるパターンがほとんどである。

　ちなみに、ファシリテーションの特筆すべきもう一つのスキルは、「参加者の中に答えがある」というものである。これを知るまで筆者は、自分が会議で結論になる答えを出さないといけないという、いわばコンサルタント的な思考にとらわれていた。答えが出てこなかったらどうしよう、と会議の前はとても憂鬱だった。しかし、答えは、自分の中ではなく参加者の中にある。うまくいかなければ、それは自分のファシリテーションスキルだけではなく、参加者の中にも問題があるわけだ。これを知ってからは、かなり気分が楽になったのを覚えている。

活用　10に1個は"ピカピカの意見"もあったりする

　パーキングロットに避難させた意見の大半は、想定どおり議論の必要がないものである。ところが、10のうち1個くらいは、すごい意見が含まれていたり、よく考えると実は秀逸な視点が含まれていたりする。そのため退避させた後に、会議の最後で再度確認することが重要である。

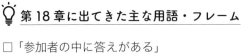

第18章に出てきた主な用語・フレーム

☐「参加者の中に答えがある」

☐ チェックイン／チェックアウト

☐ 会議のアジェンダの Goal（発散→収束→決議→報告）

☐「2枚のピザルール」

☐ disagree but commit ／ agree but non-commit

☐ パーキングロット

MEMO

第 **19** 章

プレゼンテーション

91

ターゲットの態度変容を目指す

関連テーマ：46

> プレゼンテーションの Goal（目的）は何だろうか。それは Target の態度変容（具体的な行動）である。つまり、ターゲットと設定した人にあなたが期待した行動をしてもらうことである。プレゼンテーション資料はそれを促進するためのツール（手段）にすぎない

解説 プレゼンの目的は相手の態度変容

　プレゼンテーション（以下、プレゼン）の Goal（目的）を明らかにせずにプレゼン資料を作成する人がいるが、その Goal はただ一つ。Target となる人に具体的な行動（アクション）をしてもらうこと。つまり、誰に何をしてほしいのかということを考える。重要なので繰り返す。プレゼンの目的は、「ターゲットに期待するアクションをしてもらうこと」だ。

　「態度変容」、少し難しい表現だが、具体的には、ターゲットにプレゼンをし、「顧客に発注していただく」「上司に承認してもらう」「ファンや仲間になってもらう」「アンケートに良い回答をしてもらう」など、あなたが期待した行動をしてもらうことだ。

　つまり、まずプレゼン資料の作成に着手する前に「ターゲット」は誰で、どのような「態度変容」をしてほしいのかを明確にすることが重要である。プレゼンの場に参加する人が多い場合でも、その多くの参加者の中で本当に「態度変容」してもらいたい人は限られていることがほとんどだ。そのターゲットを絞り込むと、実際の資料作成やプレゼン自体がしやすくなる。

　例えば、ターゲットは、社内の人か社外の人か、上司なのか同僚なのか、年長者なのか若年者なのか、既存顧客なのか新規顧客なのか、その案件を決裁できる立場の人なのか担当者なのか、1人なのか複数なのか、社会人なのか学生なのかということを明確にして、イメージあるいは行動様式を把握するだけで、伝えるべき Contents（中身）が変わってくる。

ターゲットは誰で、何をしてほしいかを明確にする

「たかが、こんなことくらい」と思うかもしれないが、ターゲットを設定、確認せずに資料を作成する人は少なくない。

　可能であれば、もっと細部まで確認、イメージしたほうがよい。例えば、学生向けのプレゼンのケースを想定しよう。ターゲットが同じ学生だとしても、就職活動中の東京の有名私大の文系学生と入学直後の地方の情報系の高専生では、興味・関心が異なる可能性が高いだろう。同じく、経営者といってもベンチャー企業の経営者と100年以上続く老舗企業の経営者では、決裁するポイントやリスクに関しての感度は大きく違う。加えて、彼らに「良いプレゼンだったと称賛してほしいのか」「商談を次に進めたいのか」、それとも「その場で商談の決裁をしてほしいのか」の商談ステージによって、プレゼン資料の作り方は全く異なるはずだ。すべてはターゲット設定と態度変容の中身を設定することから始まる。

活用　Target、Target、Target と深掘りしていく

　先日、中尾塾（経営者育成塾）でも、良い企画をつくるための要素（誰に、何を、どうやって）のうちの「誰に」の深掘りと企画の出来栄えには、相関があるという話で盛り上がった。この「誰に」を深くインサイト（洞察）できるかどうかが、企画ひいてはプレゼンの良しあしを決める。

92 数字を使ってプレゼンしよう

プレゼンする際に「数字」を使って説明するように意識しよう。「数字」を使うだけで、あなたのプレゼン内容の迫力が増し、伝わりやすくなる。例えば、まず手始めに、あなたの自己紹介に「数字」を加えて作り直してみよう

解説 数字を使うことで内容が伝わりやすくなる

　筆者のリクルート時代の最後の上司に当たるリクルートワークス研究所所長（当時）の大久保幸夫さんは、人材ビジネス領域の識者で、官公庁や大手企業などさまざまな場所で講演していたが、参加者や話すテーマに合わせて自己紹介の内容を変えていた。例えば、官公庁での講演であれば、過去、どのような官公庁で講演をしたことがあるのかを自己紹介にさりげなく取り入れていた。あるいは、働き方改革がテーマであれば、過去、どのような場で同様のテーマで話したことがあるのかを列挙していた。聴衆は、大久保さんの自己紹介を見て、このテーマで話を聞くに値する人であると理解して、大久保さんの話を一生懸命聞こうとする。

　大久保さんのように、たくさんの経験があればよいのだが、普通の人は、そこまで多くの経験や特記事項がない。そのようなときに経験や特記事項の代替となるのが「数字」である。例えば、筆者の自己紹介について、次の二つの文章を比べてもらいたい。

① **「数字なし」バージョン**：私は、長きにわたりリクルートで働いていた。本を読むのが趣味で、良い組織をつくる勉強会を主宰している。また、書籍の執筆や各種メディアへの記事の寄稿をしている。

② **「数字あり」バージョン**：私は、29年間リクルートで働いていた。1年間に100冊の本を読み、それを23年間続けている。良い組織づくりの勉強会を毎月主宰し、累計104回実施している。これまで書籍を15冊出版し、各種メディアに毎月、記事を寄稿しており、それを5年以

数字を使って説明することの効果

数字なし

私は、長きにわたりリクルートで働いていた。本を読むのが趣味で、良い組織をつくる勉強会を主宰している。また、書籍の執筆や各種メディアへの記事の寄稿をしている。ワインを飲むのと歩くのが好き

数字あり

私は、29年間リクルートで働いていた。1年間に100冊の本を読み、それを23年間続けている。良い組織づくりの勉強会を毎月主宰し、累計104回実施している。これまで書籍を15冊出版し、各種メディアに毎月、記事を寄稿しており、それを5年以上続けている。また、年に300回以上ワインを飲んでいて、体力を維持するために10年以上平均して毎日1万5000歩以上歩いている

数字を使うことで
❶ 説明力が上がり、納得性が高まる
❷ 客観性・説得力が高まる
❸ 定量的に状況を把握できる

上続けている。

どちらが印象に残るかといえば、②**「数字あり」バージョン**だろう。

数字を活用できるのは、自己紹介だけではない。メンバーのやる気を高める場合にも活用できる。筆者の先輩Oさんのグループは、ある期末1週間を残して、週の平均売り上げ2000万円の倍の4000万円を売らないと目標達成できない状況に追い込まれていた。その数字の大きさにメンバーはすっかり諦めていた。そこでOさんは、売り上げ目標の4000万円を「これならできそう」と思える数字に分解していった。具体的には、営業日5日だから1日当たり800万円。メンバー10人だから1日1人当たり80万円。1日の営業時間は8時間だから、1人1時間当たり10万円受注すれば目標達成できると小さな数値に変換したのである。メンバーは、「もしかしたら、できるかも」と息を吹き返し、見事目標を達成した。

💡 活用　**先輩Oさんは出まかせを言ったのか**

Oさんのケースを見て、人はそんな単純に動かないと思う人もいるかもしれない。筆者は、そのような見方を否定はしない。しかし、大事なのは、メンバーへの説明（つまりプレゼン）を変えただけで、人が動き出したという事実である。その勘所を押さえていたことがすばらしい。

資料は1週間前に作成する

> あなたはプレゼン資料をいつまでに作成するだろうか。プレゼン当日もしくは前日までに作成できればよいと考えていないだろうか。筆者は、少なくとも1週間前には作成するようにしている。そうしたほうがより良い成果を生み出せる。その理由を紹介しよう

解説 締め切り1週間前に完成させる効果を知る

　正直に告白すると、今では偉そうに「1週間前に資料を作成するとよい」と言っているが、20年前まではプレゼンの当日までに資料が出来上がればよいと考えていた。そんな筆者が1週間前に資料を作成しようと決めたきっかけがある。そして、それ以来1週間前に資料を作成するようになった。これには多くのメリットがあった。

　当時、筆者はリクルートグループにおける管理会計の再構築プロジェクトのマネジャーをしていた。管理会計とは、経営者が企業（今回のケースではリクルート）をどのように分割して数値把握するのかを決めて、そのデータを安定的に経営陣に提供し、経営判断を支援することである。管理会計は経営にとって重要案件なので、毎月経営会議で進捗を報告していたが、いつも開催ギリギリに資料が出来上がるという状態だった。プロジェクトが佳境に入るのを見越して、サポートに入っていた外部のコンサルタントが2人から3人に増員された。その3人目のコンサルタントが、経営会議終了後にプロジェクトマネジャーの筆者に質問したのである。「中尾さんたちは、どうして資料をギリギリまで作成しているのですか。1週間前に作り上げて、プレゼンの練習や必要によっては経営陣に事前に打診したほうが、案件が進む可能性が高まりませんか」。その瞬間は、今でもギリギリのスケジュールでやっているのに、そんな余裕などあるはずがないと思った。しかし、実際にチェックしてみると、開催当日まででないと作れないプレゼン資料などほとんどなかった。単純

前倒しすることで、さまざまな準備が可能になる

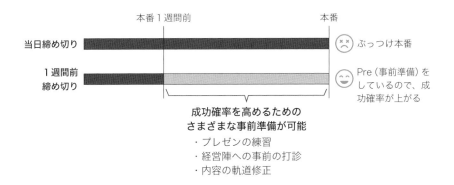

に締め切りを当日までにしていたからだと分かった。そこで、試しに締め切りを1週間前にしてみた。すると、前述のアドバイスどおりプレゼンの練習ができて、開催当日もうまく話が進んだ。また、事前に経営陣に打診することで、当日までに資料を修正し、再度準備できることが分かった。締め切りを1週間前に設定するだけで、さまざまなメリットがあることを実感した。しかも、1週間前に資料が出来上がっているので、万が一、担当者が急に休んだとしてもリカバリーが可能である。実際、コロナ禍になり、メンバーが急に離脱せざるを得ないことがあった。あるいは本人もしくは家族が急に病気になることだってあり得る。そんなときでも締め切りを前倒しに設定しておけば、大きなトラブルにならずにスムーズに仕事が進む。

活用　3日前の締め切り設定でも有効

　子育てをしながら働いている場合、子どもが熱を出して急に休まないといけないことがある。しかし、およそ3日あれば、子どもを預けられる方法が見つかるケースが大半だ。つまり、締め切りを3日前に設定すれば、こうした子どもの急な体調変化などにも対応がしやすくなる。

94 文を短く、ゆっくり、間を空ける

政治家や有名人が失言で失脚するケースが散見される。相手に対しての配慮や想像力が欠如しているのが最大要因だ。しかし、限られた時間の中で、言いたいことをたくさん伝えようとして、スピードオーバーで止まらなくなった失言も少なくない

解説 失言から学ぶ、プレゼンの三つのポイント

　失言で有名な元首相は、2000年6月に選挙の遊説先で「まだ投票先を決めていない人が40％ぐらいいる。そのまま選挙に関心がないといって寝てしまってくれれば、いいんですけれども、そうはいかない」と述べた。本人は、リップサービスやウケ狙いのつもりだったかもしれない。しかし、選挙は民主主義の根幹である。当然ながらマスコミに厳しく批判された。この元首相の失言は枚挙にいとまがない。2003年6月には「子どもを1人もつくらない女性が、好き勝手、と言っちゃなんだけど、自由を謳歌して、楽しんで、年取って…税金で面倒見なさいというのは、本当はおかしい」。2014年2月、フィギュアスケートの選手に対して「見事にひっくり返っちゃいました。あの子、大事なときには必ず転ぶんですよね」。2016年7月の五輪の代表選手団の壮行会で「国歌も歌えないような選手は日本の代表ではない」。2021年2月の日本オリンピック委員会の評議員会で女性の理事を増やす目標に対して「女性がたくさん入っている理事会は時間がかかる」と発言。謝罪会見をすることになったが、本人は何を謝罪しないといけないのか分かってないような雰囲気でもあった。

　また、東日本大震災の復興を担当する閣僚の失言も相次いだ。2011年7月当時の復興担当相が宮城県庁で知事と会ったとき、応接室で数分間待たされたことに腹を立て「お客さんが来るときは、自分が入ってからお客さんを呼べ」と激怒した。復興担当相は、自分のことを「お客さん

失言を避け、分かりやすいプレゼンをするポイント

①短い文で
②ゆっくり話す
③間を空ける

だ」と言ってしまったのである。また、記者団に「おれ、九州の人間だから、東北の何市がどこの県とか、わからんのよ」「知恵を出したところは助けるけれど、知恵を出さないやつは助けない。そのくらいの気持ちを持て」などと上から目線の発言を連発し、あっさりと辞任した。

　失言一つで、それまで積み上げてきたものが無駄になってしまう可能性がある。この手の失言を避けるポイントは三つ。それは「文を短く」「ゆっくり」「間を空ける」である。一つの文、つまり「。」までの長さを短くする。そして話すスピードを「ゆっくり」にする。さらに文と文の「間を空ける」ことである。「ゆっくり」なので余裕があり、聴衆の違和感に気付きやすくなる。「文を短く」「間を空けている」ので、話を方向転換することも可能だ。また、この三つのポイントは聴衆が理解しやすくなるポイントでもあるので、失言を避けると同時に伝わりやすいプレゼンテーションになるのである。

活用　プレゼンターのレベルが向上

　リクルート時代、ハイパフォーマー（高業績者）が毎年選抜されて、社員の前でプレゼンをしていた。そのプレゼンスキルが明らかに向上した年に、その理由をイベント事務局に確認したところ、上記の三つのポイントを事前に伝えたということだった。

95 Post（振り返り）は Good & Better

> 何かを実行した後には Post（振り返り）を行うことで学びを深める
> ことが重要である。プレゼンも同じである。終了後に参加者から
> Post（振り返り）をもらうようにする。ポイントは Good（良いとこ
> ろ）& Better（より良くするところ）である

解説 振り返りの際は Good & Better を意識する

　G-POP® は、ハイパフォーマー（高業績者）の仕事の仕方を標準化した
ものである。ハイパフォーマーは常に Goal（目的）を意識し、Pre（事前
準備）により Goal を達成する可能性を高め、On（実行・修正）し、実施後
の Post（振り返り）から学んでいる。どのステップも重要だが、今回はプ
レゼン後の Post（振り返り）のポイントを押さえておこう。

　Post（振り返り）をしてほしいと言うと、反省（うまくいかなかったのは私
のせいである）や感想（○○さんのおかげでうまくいった。うまくいってうれし
かった）などを言う人がいる。G-POP® では、このような反省や感想は
Post（振り返り）とはいわない。Post（振り返り）は、うまくいった場合は、
なぜうまくいったのかを考察し、うまくいったポイントをまとめること
である。これにより次回に類似の案件を行う際にうまくいく可能性、再
現性を高めることができる。また、うまくいかなかった場合は、次回類
似のことをする際にうまくいく可能性を高めるために、再発防止のため
の予防策や発生時対策をまとめることである。仕事はあるレベルまでは
確率論である。うまくいく可能性を高め、うまくいかない可能性をつぶ
しておくことで、仕事で成果を上げる可能性を高めることができる。プ
レゼンも同じだ。プレゼンの直後に Post（振り返り）をすることはとても
重要である。そのためには参加者にアンケートでプレゼンの評価を聞く
方法もあるが、それよりも有効なのは仲間からの率直な意見をもらうこ
とだ。筆者は、自分が行ったプレゼンの直後に仲間から率直な意見をも

プレゼンの場合における Good & Better のポイント

プレゼン	直後に意見をもらう	Better になるよう改善
	最初に Good、その後に Better	記憶が鮮明なうちに

らっており、こうした振り返りによってプレゼンの質を高めている。

　率直な意見をもらう際のポイントは２点。Good（良いところ）& Better（より良くするところ）である。通常の英語だと Better は「より良い」という意味だが、ここでは「より良くするところ」というニュアンスで使っている。日本では率直な意見がほしいと言っても、本当は意見があるのに、あまり意見を言わないケースがある。また、率直に意見を言ってほしいと強く要望すると、そこまで言わなくてもというくらい辛辣な意見を言ってくるケースも少なくない。それを適度なバランスで意見をもらうためのテクニックが Good & Better で、幾分 Good を多めに指摘してほしいと伝えるのがポイントだ。意見をもらう側も、最初に Good（良いところ）のフィードバックだと心が穏やかになる。Good の内容がある程度の量あれば、その後の Better（より良くするところ）の内容も受け入れやすくなる。

活用　鉄は熱いうちに打て

　Good & Better は、プレゼン終了直後にもらうのがお勧めだ。そして、Good & Better をもらったら、Better のうち、次回に向けて改善・改良する点を決め、修正する。記憶が鮮明に残っているときに善後策を考えることが重要だ。やはり「鉄は熱いうちに打て」なのである。

💡 第19章に出てきた主な用語・フレーム

- □ 態度変容
- □ 「数字なし」と「数字あり」
- □ 1週間前締め切り
- □ 「文を短く」「ゆっくり」「間を空ける」
- □ G-POP®（Goal：目的→ Pre：事前準備→ On：実行・修正→ Post：振り返り）
- □ Good & Better
- □ 仕事はあるレベルまでは確率論

✏️ MEMO

第 **20** 章

まとめ

96

マネジメントとリーダーシップ

> マネジメントとリーダーシップ、この二つは何が同じで、何が違うのか議論になることが多いテーマである。筆者は、時代とともに二つの重なりが大きくなってきていると整理している。つまり、二つは同じであると考えるほうがしっくりくる

解説 ## 類似点が多い、マネジメントとリーダーシップ

「マネジメント」は、マネジメントの父と呼ばれるピーター・F・ドラッカーが生み出した概念である。ドラッカーは、1954年に『現代の経営』を、1973年にマネジメント論の集大成として『マネジメント』を出版する。そして、これらの著書の中でマネジメントを「組織に成果を上げさせるための道具、機能、機関」と定義した。そして、マネジメントを担うマネジャーの五つの仕事を、❶目標を設定する、❷組織する、❸動機づけを行う、❹評価する、❺人材を育成する、と提示した。

一方の「リーダーシップ」は、古代ギリシャ時代に生まれた概念で、近代まで「リーダーシップは生まれながらに持った先天性のもの」というのが定説だった。ところが1960〜70年代にかけて、イギリスの学者ジョン・E・アデアが、リーダーシップは訓練と経験によって「後天的に誰もが身に付けられるもの」であると主張し、それまでの常識を覆した。そして、リーダーの七つの実践行動として、①タスクを明確にする、②計画する、③統制する、④支援する、⑤評価する、⑥動機づけする、⑦模範となる、と提示した。また、アデアは、マネジメントとリーダーシップは異なるとも言っている。具体的には、マネジメントが力学、統制、システムに根差しているのに対し、リーダーシップは人に根差しており、仕事、チーム、個人という三つの要素が重なり合った領域に働き掛けるものだという。しかし、アデアの定義とは異なり、マネジメントの父であるドラッカーの「マネジャーの五つの仕事」を確認すると、人

マネジメントとリーダーシップには類似点が多い

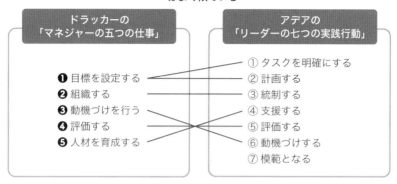

「マネジャーの五つの仕事」と「リーダーの七つの実践行動」
はよく似ている

ドラッカーの
「マネジャーの五つの仕事」

アデアの
「リーダーの七つの実践行動」

❶ 目標を設定する
❷ 組織する
❸ 動機づけを行う
❹ 評価する
❺ 人材を育成する

① タスクを明確にする
② 計画する
③ 統制する
④ 支援する
⑤ 評価する
⑥ 動機づけする
⑦ 模範となる

に根差しているのが分かる。実際、ドラッカーの「マネジャーの五つの仕事」とアデアの「リーダーの七つの実践行動」には多くの類似点がある。

　マネジメントとリーダーシップについてまとめると、20世紀中盤までは、リーダーシップという概念しかなかった。そして、20世紀中盤までは、そのリーダーシップは、「生まれながらの資質に基づくもの」だと考えられていた。その後20世紀後半になり、新しくマネジメントという概念をドラッカーがつくり、アデアがリーダーシップは生まれながらの資質に加えて、後天的に習得できるのだと新しい解釈を加えた。もちろん、学問的には、マネジメントとリーダーシップの違いは説明できる。実際、違いについてさまざまな書籍や文献が論じている。ところが、マネジメントとリーダーシップに類似点が多いのは上述のとおりである。

活用 何としてでも Goal を実現するのがマネジメント

　マネジメントとは、一般的に考えられる「管理」という狭義の意味ではなく、「経営」という意味だ。どのような状況下でも、なんとかしてGoal（目的）を実現することだ。そのためにはマネジメントもリーダーシップも総動員して取り組むことが重要である。

97

フォロワーシップの重要性

関連テーマ：11

不況や困難な状況に陥ると、世の中にカリスマ的なリーダーを求める声が出てくる。不安から逃れたいので、無条件にカリスマ的なリーダーの発言や行動に従っていきたくなるからだろう。しかし、本当にそのようなリーダーはいるのだろうか

解説 組織活動にとって欠かせないフォロワーの存在

さまざまなプレゼンを配信するTEDの中で、面白いプレゼンがある。起業家のデレク・シヴァーズの「社会運動はどうやって起こすか」というものである。

デレクは、3分ほどの映像を見せながらプレゼンを始める。そのビデオでは、芝生の斜面に大勢の人が座っている。すると突然1人の上半身裸の男が、変な踊りを始める。しばらく彼だけが踊り続けている。ところが、しばらくすると1人の男が、見よう見まねで彼と一緒に踊り出すのである。なんだか楽しそうである。そして、またしばらくすると1人の男が2人の踊りに加わる。踊っている男性は3人になった。3人が変な踊りを続けていると、次に数人のグループが踊りに加わる。この数人のグループが踊りに加わったのをきっかけにして、次々に人が踊りに加わっていく。いわゆるティッピング・ポイント（ある時点をきっかけに急激に変化し出す点のこと）を超えたのである。踊りに加わることは、変なことではなくなった。そして、しばらくすると、踊りに加わる人数がどんどん増えていく。ここまで参加者が増えると、踊りに加わらないほうが恥ずかしくなり、ますます参加者が増えていく。3分ほどのビデオだが、どのようにして社会運動が広がるのかが理解できる。

デレクは、この現象が起きたメカニズム（きっかけ）は上半身裸の1人の男が変な踊りを始めたからだという。しかし、それが大きな集団的な動きになったのは、2人目、3人目のフォロワーがいたからだと説明す

フォロワーシップの重要性

リーダー
世間の評価：高い
実際の貢献度：20%

フォロワー
世間の評価：低い
実際の貢献度：80%

資料出所：ロバート・ケリー著、牧野昇監訳『指導力革命』（プレジデント社）
の内容を基に一部編集

る。つまり、「1人の変人をリーダーに変えた」のは、2人目、3人目の
フォロワーなのである。彼らのような最初のフォロワーがいなければ、
大きな活動は起きなかったわけだ。にもかかわらず、いつも評価される
のはリーダーだけだったりする。つまり、リーダーは過大評価されてい
て、フォロワーの重要性は気付かれていない。あなたはどう思うだろう
か。

活用 成長する組織にはフォロワーがきちんといた

　アップルのスティーブ・ジョブズには、デザイナーのジョナサン・ア
イブと商品や部品のサプライチェーン・マネジメントを担うティム・クッ
ク（現同社 CEO）がいた。ソニーの盛田昭夫氏には井深大氏が、本田技研
工業の本田宗一郎氏には藤沢武夫氏がいたのは有名な話である。

98

情報感度を高めよう

関連テーマ：53

> イケてるマネジャーは、外部にアンテナを張り、積極的に外部から
> 情報収集を行い、その情報を取捨選択して、それらを参考に判断を
> 行う。逆にイケてないマネジャーは外部に意識が向かず、組織内部
> の常識、慣習だけで判断する

解説 外部からの情報収集で自分の言動を省みる

　先日、中尾塾（経営者育成塾）で講演してもらった10年間増収増益を続
ける外資系企業の経営者は、仕事時間の3割を顧客との対話に費やして
いると話してくれた。その講演をきっかけに、中尾塾に参加している経
営者も顧客との対話時間に数値目標を設定する人が増えた。情報感度を
高めるために、定期的に顧客とコミュニケーション機会をつくることは
とても重要である。

　外部にアンテナを張っておくことが重要というエピソードをもう一つ
紹介しよう。中尾塾では、筆者と参加する経営者とで毎週1回4人1組
でG-POP®版グループコーチングをしている。その際に「teamTakt（チー
ムタクト）」という、人と組織の成長を見える化する協働学習ツールに毎
週の行動を記載する。そのteamTaktには、参加者がどのような言葉を
多く使っているのか分析するワードクラウド機能がある。最頻出キー
ワードが中央に来て、大きな文字として表示される仕組みになっている。
コロナ禍初期の2020年4月とその2カ月後の6月を比較すると特徴的
なことに気付く。4月のワードクラウドでは「コロナ」という言葉が最
頻出単語として中央に大きく表示されていた。つまり、参加者は新型コ
ロナウイルス感染症に対応しようと考えている様子が見て取れる。そし
て、中心のコロナの上部には「事業」、下には「オンライン」「リモート」、
左には「営業」という言葉が現れていた。コロナ禍に「オンライン」や
「リモート」で対応しようとしていることが分かる。そして「事業」を守

幅広く情報収集をするのがポイント

社内から…上司、同僚など

社外から…本やインターネット、
顧客、異業種など

るためには、どのように「営業」すべきかを考えていたことも分かる。

　一方、6月では、真ん中に「事業」がある。周囲には4月同様、「コロナ」「オンライン」「営業」はあるが、「新規」「案件」「スタート」「スケジュール」などが目に付く。6月には「新規」の「事業」や「案件」を「スタート」し、具体的な進め方を「スケジュール」に落とし込んでいることが分かる。つまり、二つのワードクラウドを比較すると、中尾塾に参加している経営者が、2カ月という短期間で環境変化に対応して、次の一手を打つために既に動き出していた様子が分かる。

　もちろん、逡巡して動けない経営者もいた。そうした動けない経営者にも、このワードクラウドの情報を共有した。すると、彼らも動き出したのである。明らかに一般的な企業よりもコロナ禍に対する動き出しが早かった。新型コロナウイルス感染症という未曽有の危機に際して、誰も正しい答えなど持っていないわけだ。そんな中でも外部から情報収集を行い、変化を受け止め、順応しようとアクションし続けることが経営者として最善の策である。

活用　定期的に外部からの情報収集を行おう

　筆者は情報感度を高めるために、年100冊の本を読み、中尾塾で参加者と毎日交流し、そして半年に一度、松岡正剛氏の塾に参加している。自分の視野を広げるためにも、外部から生きた情報を定期的に収集する仕組みをつくることをお勧めする。

リーダーは仕事の意味を説明しよう

誰しも自分のやっている仕事に「意味」や「価値」を見いだしたいものである。だからこそ、リーダーは、メンバーに対して、自部門の仕事の意味を語ることが必要である。これこそが、自部門の仕事を単なる「作業」なのか、価値のある「仕事」なのかを分けるのだ

解説 メンバーに仕事の目的・本質を伝えることが重要

　イソップ寓話として広まる「3人のレンガ職人」の話を知っているだろうか。旅人が歩いていると3人のレンガを積んでいる職人に出会った。旅人は、レンガ職人に「何をしているのですか？」と尋ねた。1人目は「見て、分からないのか！　レンガを積んでいるのだ。ほんと、つまらない仕事だ」と答えた。2人目は「レンガを積んで壁を造っているんだ。大変な仕事だけれど、これで家族を養っているんだ」と答えた。そして3人目は「歴史に残る大聖堂を造っているんだ。教会ができたら、国中の人々が、ここに来て神に祈るんだよ」と答えた。

　1人目の職人のGoal（目的）はレンガを積むことである。2人目の職人のGoalは家族を養うことである。3人目の職人のGoalは、歴史に残る大聖堂を造ることである。Goalは、個人が設定するものなので、他人がその良しあしを判断すべきものではない。しかし、誰が仕事にやりがいを感じ、自分の技量を向上させながらレンガを積むだろうか。答えは言うまでもないだろう。補足をすると、1人目と2人目の職人も、きちんとリーダーから「歴史に残る大聖堂を造る」というGoalを聞いていながら、上記のような個人的なGoalを設定したのであれば仕方ない。しかし、往々にして、リーダーから「歴史に残る大聖堂を造る」というGoalを聞いていないこともあり得る。

　これはレンガ積みの職人が大聖堂を造る話だけに当てはまるものではない。例えば、営業アシスタントが営業担当から依頼を受けて、提案の

自分の仕事の意味づけを行って取り組む

ための企画書を作っているとする。本来のあるべき姿を考えると、顧客のビジネス発展に寄与するために自社商品・サービスを利用してもらえるよう提案企画書を作るのが Goal のはずである。ところが、営業担当から Goal の説明がなかったりすると、知らないうちに、顧客から発注してもらうことが Goal になっていたりする。極端なケースでは、とにかく見栄えの良い企画書を作成することが目的になっていたりする。もっと極端なケースでは、企画書を作成すること自体が Goal になっていることすらある。企画書の作成を営業アシスタントに依頼した人の説明によって、アシスタントの Goal は簡単に変化してしまうのだ。

活用　依頼した仕事の結果を伝えよう

　メンバーに仕事を依頼したら、その仕事の結果がどうなったかを伝えることも重要だ。一見、当たり前に思うかもしれないが、これをしない、もしくは忘れるリーダーは多い。しかし、結果を伝えて初めてメンバーはその仕事の意味を再確認できるのだ。

100 成長するための ABCD

結局、勝ち続けるのは ABCD（当たり前のことを、バカにせずに、ちゃんとできる）を実行する組織だ。しかし、これを実現できている組織は限られる。最初はその当たり前のレベルは低くても、継続的にそのレベルを上げ続けていこう。「継続は力なり」である

解説 "当たり前"を実行できる組織になる

　筆者は、業績が良い組織は ABCD ができるという話をすることがある。この ABCD とは「当たり前のことを、バカにせずに、ちゃんとできる」の頭文字を取ったものである。これを聞くと、そんなことは当たり前だと言う人がいたり、自分の組織はそうだと言う人も少なくない。しかし、実際に見てみると ABCD ではない組織が大半である。そして、ABCD ができる組織は、この当たり前のレベルをどんどん高めていく。

　例えば、どのようなことが当たり前なのか。毎月会費を徴収するサブスクリプションビジネスについて考えてみよう。Google には「歯ブラシテスト」というルールがあり、新サービスのうち DAU（Daily Active Users: 毎日使っているユーザー）が多いサービスに注力する。人は通常 1 日に 1～3 回歯を磨くが、それぐらいの頻度で使われているサービスはユーザーから支持されているということなので大化けする可能性が高い。つまり、自社サービスの利用を増やせば退会は減る。退会数が減ると、必要な会員数を実現するための新規入会数も少なくてよい。一般的に新規入会を増やすには、大きな販促費用がかかる。そうしたコストを削減できれば利益は増えるので、利用頻度を高めることができれば、売り上げ増に加えて利益の増加にも寄与する。当然、利用頻度が高いということは顧客満足度も高い。つまり、収益的にもインパクトがあり、顧客満足度も高まり、良いことばかりだ。

　ところが、これができない企業が多い。その理由は施策の効果が出る

当たり前のことをバカにせずにちゃんとできる組織が強い

A 当たり前の
ことを

B バカに
せずに

C ちゃんと

D できる

までに時間差があるからである。例えば、新規顧客に対して利用頻度を高めるための施策を実行して、新規顧客の解約が目に見えて減少するのはいつだろうか。LTV（Life Time Value：利用期間）が平均 10 カ月だとすると、現在講じた施策の効果が見えてくるのは 10 カ月後である。一方で、分かりやすい集客施策の効果はすぐに現れる。あるいは解約顧客をその場で止めることができれば、効果はすぐに目に見える。一般的な組織は、すぐに効果が出るタスクは実行できるが、たとえ本質的な施策であったとしても、効果が出るまでに時間差があるタスクは実行し続けられない。すぐに効果が出ないと継続できないのである。このケースでいえば、利用頻度を高めるための施策は、効果がすぐに現れないが、本質的な施策だ。そうした施策を愚直に実行し続けられる組織こそが、卓越した組織といえる。これが ABCD ができる組織なのである。

活用　施策の Post（振り返り）をする習慣をつけよう

　ABCD ができない組織は、やると決めたことが自然消滅しやすい。そうならないためにも何か施策を実行すると決めたら、必ず Post（振り返り）をする習慣をつくろう。最初は、自然消滅という嫌な事実に向き合うことになるが、継続できれば ABCD ができる組織に変化していく。

💡 第20章に出てきた主な用語・フレーム

□ マネジャーの五つの仕事
□ リーダーの七つの実践行動
□ フォロワーシップ
□ 情報感度
□「3人のレンガ職人」
□ ABCD（当たり前のことを／バカにせずに／ちゃんと／できる）

📖 第20章に出てきた参考文献

P・F・ドラッカー著、野田一夫、村上恒夫監訳、風間禎三郎ほか訳
『マネジメント──課題・責任・実践』ダイヤモンド社、1974年

ロバート・ケリー著、牧野昇監訳『指導力革命──リーダーシップからフォロワーシップへ』プレジデント社、1993年

✏ MEMO

■著者プロフィール

中尾隆一郎（なかお　りゅういちろう）

株式会社中尾マネジメント研究所（NMI）代表取締役社長／株式会社旅工房　社外取締役／株式会社 LIFULL　社外取締役／株式会社 ZUU　社外取締役／株式会社博報堂テクノロジーズ　フェロー／東京電力フロンティアパートナーズ合同会社　投資委員／ LiNKX, Inc.　非常勤監査役

1964 年生まれ。大阪府摂津市出身。1989 年大阪大学大学院工学研究科修士課程修了。同年、株式会社リクルート入社。2018 年まで 29 年間同社勤務。2019 年 NMI 設立。NMI の業務内容は、業績向上コンサルティング、経営者塾（中尾塾）、経営者メンター、講演、ワークショップ、書籍出版、執筆。

リクルートに 1989 〜 2018 年まで 29 年間在籍。主に住宅、テクノロジー、人材、ダイバーシティ、研究領域に従事。リクルートテクノロジーズ代表取締役社長、リクルート住まいカンパニー執行役員、リクルートホールディングス HR 研究機構企画統括室長、リクルートワークス研究所副所長など。

住宅領域の新規事業であるスーモカウンター推進室室長時代に 6 年間で売り上げを 30 倍、店舗数 12 倍、従業員数を 5 倍にした立役者。リクルートテクノロジーズ社長時代は、リクルートの「IT で勝つ」を、優秀な IT 人材の大量採用、早期活躍、低離職により実現。約 11 年間、リクルートグループの社内勉強会において「KPI」「数字の読み方」の講師を担当、人気講座となる。

主な著書に『最高の結果を出す KPI マネジメント』（フォレスト出版、13 刷）、『「数字で考える」は武器になる』（かんき出版、7 刷）、最新刊『「本当に役立った」マネジメントの名著 64 冊を 1 冊にまとめてみた』（PHP 研究所）など 14 冊。ウェブメディア「Business Insider Japan」で『「自律思考」を鍛える』を連載中。

カバーデザイン／株式会社 ライラック
本文デザイン・印刷・製本／株式会社 加藤文明社

リーダーが変われば、チームが変わる
メンバーの力を引き出す100のメソッド

2023年5月16日　初版発行

著　者　中尾隆一郎
発行所　株式会社 **労務行政**
　　　　〒141-0031　東京都品川区西五反田3-6-21
　　　　　　　　　　住友不動産西五反田ビル3階
　　　　TEL：03-3491-1231
　　　　FAX：03-3491-1299
　　　　https://www.rosei.jp/

ISBN978-4-8452-3411-0